KNAUR
MENSSANA

Karin Simon

mit Shirley Michaela Seul

VON BLEIBEN WAR NIE DIE REDE

Eine Sterbeamme erzählt vom großen Abschied und wie er ohne Angst gut gelingt

KNAUR
MENSSANA

Besuchen Sie uns im Internet:
www.mens-sana.de

FSC www.fsc.org
MIX
Papier | Fördert gute Waldnutzung
FSC® C014496

Originalausgabe September 2023
Knaur MensSana

Ein Imprint der Verlagsgruppe
Droemer Knaur GmbH & Co. KG, München

Redaktion: Ulrike Strerath-Bolz
Covergestaltung: atelier-sanna.com, München
Coverabbildung: atelier-sanna.com, München
Satz und Layout: Adobe InDesign im Verlag
Druck und Bindung: GGP Media GmbH, Pößneck
ISBN 978-3-426-65921-2

4 6 7 5

Inhalt

Es geschieht überall und immer. Dass jemand, den wir gut kennen, schätzen, lieb haben, plötzlich weg ist oder es aller Voraussicht nach bald sein wird, weil er eine verheerende Diagnose erhalten hat.

Irgendwann ist jeder dran.

Sucht man dann das Weite, weil Tod und Trauer ansteckend sein könnten? Oder hat man den Mut, dem Menschen beizustehen? Was letztlich bedeutet, dass man sich selbst nicht im Stich lässt, denn man hat dann schon mal ein bisschen geübt.

Irgendwann ist jeder dran. Auch ich. Auch Sie.

… Wenn man nur wüsste, wie man damit umgeht …

Was man in so einer Situation sagt …

Wie man sich einem Sterbenden gegenüber verhält …

Und später bei der Begegnung mit Trauernden …

Oder falls Sie selbst trauernd einen nahen Menschen schmerzlich vermissen …

Wenn Sie dieses Buch gelesen haben, wissen Sie mehr – und vermutlich ist Ihre Angst vor dem Unvorstellbaren geschrumpft. Womit wir uns befassen, dem nehmen wir den Schrecken. Sogar der Tod zeigt dann ein anderes Gesicht. So erlebe ich es in meinen Begleitungen und Seminaren.

Herzlich willkommen in einem Tabu-Land.

Ihre
Karin Simon

Ich verrate Ihnen ein Sterbenswörtchen

In jedem Leben gibt es Herausforderungen, Prüfungen. Man macht vielleicht Abitur oder den Führerschein. Oder lässt es bleiben. Vor einigen großen Herausforderungen kann man sich nicht drücken. Krankheiten und Krisen fragen nicht um Erlaubnis, ehe sie eintreten. Aber kurioserweise stellt man im Nachhinein oft fest, dass ihre Bewältigung das Leben bereichert hat: weil man das Leben erst richtig zu schätzen gelernt hat.

Im Falle des eigenen Todes hilft Prüfungsangst wenig. Petrus oder wer auch immer an der Tür steht, wird wohl kaum ein Attest entgegennehmen, das bescheinigt, dass das Sterben auf unbestimmte Zeit verschoben werden müsse. Gestorben wird, das ist so, denn: Wer A sagt, muss auch B sagen. Wer geboren wird, muss oder darf auch sterben.

Mit diesen zwei Wörtern, *muss* oder *darf,* ist schon viel gesagt. Ich werde trotzdem noch ein paar mehr benötigen, um Ihnen, meine lieben Leserinnen und Leser, vom Sterben zu erzählen. Dass das vielseitig ist, erschließt sich schon aus der Schreibweise. Wir haben den Tod mit d und sind tot mit t. Woher ich das weiß? Bin ich vielleicht schon mal gestorben?

Nein, nur fast. Als Dreijährige wäre ich beinahe ertrunken und ein paar Jahrzehnte später fast an Krebs gestorben. Dazwischen und auch heute noch habe ich als Krankenschwester und Sterbeamme Hunderte von Menschen auf ihrem letzten Weg begleitet und unzählige Gesichter des Todes gesehen. Meistens breitet sich am Ende ein großer Friede aus, und oft bleibt als Letztes ein Lächeln.

Ich bin fest davon überzeugt, dass man dem Tod eine gute Landebahn bereiten kann. Damit es weniger holpert, weil die Angst nicht an Bord ist. Zum Beispiel mit einer Sterbeamme als Fluglotsin. Einer wie mir. Was genau sich hinter diesem Begriff verbirgt, erfahren Sie natürlich auch in diesem Buch, und vieles mehr, was hoffentlich Licht ins Dunkel bringt, das gar nicht so dunkel ist, wie man landläufig glauben mag.

Bitte keine Sterbensangst: Sie werden sich nicht totlachen! Aber Schmunzeln und Lächeln und auch Lachen sind erwünscht, und hoffentlich gestatten Sie es sich. Denn so was tut man ja eigentlich nicht. Also bei uns. Tod und lustig, das geht nicht zusammen. Das merke ich auch zu Beginn meiner Auftritte als Kabarettistin mit meinem Programm »Zum Sterben schön«. Zuerst sitzt das Publikum ein wenig verkrampft im Saal, obwohl es den Mut hatte, sich auf ein »Sterbekabarett« einzulassen. Die ersten Lacher sind noch verhalten … darf man denn über so was lachen? Nach drei, vier Nummern vergessen die Zuschauer*innen ihre Zurückhaltung und amüsieren sich einfach. Oft gibt es vor dem Applaus eine Pause, einen nachdenklichen Moment, in dem der eine und die andere für sich etwas erkennt, sich merken will. Heiter geht es weiter, und heiter geht es leichter. Auch und gerade ganz zum Schluss. Doch leider wird das landläufig als geschmacklos verurteilt oder als Blasphemie.

Ich bin sehr evangelisch erzogen worden und war oft mit meiner Mutter in der Kirche. Später habe ich auch bei Kindergottesdiensten mitgearbeitet. Einmal, es war Ostern, besuchte ich mit meiner Zwergerl-Gruppe den Gottesdienst. Am Tag zuvor hatte ich ihnen von Jesus am Kreuzweg erzählt und dass die Jünger um seine Kleidung würfelten. Mitten in die Stille der Andacht platzte ein Sechsjähriger heraus, der zuvor lange und nachdenklich auf das große Kreuz über dem Altar geblickt hatte. »Tante Karin, der Jesus ist ja gar nicht nackig. Der hat eine Unterhose an. Sogar aus Gold.«

Nach einer Schrecksekunde lachte die Gemeinde laut los. Nur einer hielt stand, die Bibel unerbittlich in der Hand: unser Herr Pfarrer. Nach dem Gottesdienst bat er mich, der Kirche künftig fernzubleiben, da ich wohl nicht verstanden hätte, dass dies ein Ort des Ernstes sei. Ich glaube, er sagte sogar »heiliger Ernst«. Es gibt aber auch eine heilige Heiterkeit! Die fühlt sich nicht nur gut an, sie ist auch heilsam!

Im Laufe der Jahre habe ich mir einen Werkzeugkoffer zusammengestellt, um die Reise ins Jenseits zu erleichtern und die Bleibenden in der Abflughalle zu unterstützen. Dabei haben mir meine zahlreichen Ausbildungen geholfen, unter anderem zur Krankenschwester, Heilpraktikerin für Psychotherapie, Sterbeamme, Traueramme und freie Trauerrednerin. Die Sterbeamme begleitet die Reisenden, die Trauerrednerin gestaltet den Zwischenraum, die Traueramme kümmert sich um die Dagebliebenen.

Wenn wir Nähe zu Sterbenden zulassen, und das wird in diesem Buch geschehen, sind wir mit unserer eigenen Endlichkeit konfrontiert. Diese Tatsache ist kein Drama, sondern normal. So ist es und Punkt. Man lehnt sich doch auch nicht dagegen auf, dass man zwei Arme hat. Wenn Sie es genau betrachten, dann freuen Sie sich vermutlich über dieses Wunder. Zwei Arme, zwei Hände, zehn Finger zum Entdecken, Essen, Werkeln, Zärtlich- und Kreativsein, jeder Finger ein Schlüssel zur Welt. Und dann fällt Ihnen vielleicht ein, dass es Menschen gibt, die haben einen

Finger oder zwei oder sogar eine ganze Hand, einen Arm verloren. Da wird Ihnen Ihre Hand gleich noch kostbarer, richtig? Vielleicht nehmen Sie sich vor, sie ab sofort wertzuschätzen. Jeden Tag einmal, beschließen Sie, streichle ich bewusst mal drüber. *Danke, Hand. Schön, dass du da bist.* Doch nach einer Weile vergessen Sie es. Vielleicht begegnen Sie irgendwann einem Menschen mit Gicht oder mit einer nach einem Schlaganfall gelähmten Hand. Da fällt es Ihnen wieder ein, und Sie fragen: Kann ich dir zur Hand gehen? Und dann tun Sie etwas für ihn, und Sie merken, dass Sie es auch für sich tun. Fast fühlt es sich an, als hätten Sie eine dritte Hand geschenkt bekommen. Eine gebende. Und das macht glücklich, stimmt's?

Wir alle sind miteinander verbunden. Wir vergessen es nur manchmal. Ohne Hilfe wären wir nicht auf die Welt gekommen. Keiner von uns wird allein geboren, es ist zumindest eine Mutter da und sehr oft helfende Hände. Und so sollte es auch am Ende sein und war es auch einmal weit verbreitet, als der Tod noch nicht ausgelagert war. Die Verwandtschaft versammelte sich am Sterbebett, ganz ohne Umstände, saß und wartete. Hin und wieder seufzte jemand, schüttelte ein Kissen auf, streichelte mitfühlend eine Wange. Keiner kam auf die Idee, bei einer Psychologin anzurufen und zu fragen, ob der kleine Max einen bleibenden Schaden davontragen würde, wenn er den Opa a) krank und b) als Leiche sieht.

Heute werden Kranke, Alte, Sterbende und Tote vielerorts aus dem Alltagsleben entfernt und professionellen Kräften übergeben. Was mit Sterben und Tod zusammenhängt, läuft Gefahr, zum Tabu zu werden. Oder ist es schon. Den Tod, den wir vor Augen haben – jeden Tag dutzend- oder hundertfach, je nachdem, wie lange wir vor dem Bildschirm sitzen –, der ist virtuell, nicht aus Fleisch und Blut.

»Echte« Tote, vielleicht die Eltern oder Großeltern, haben die wenigsten Menschen gesehen, dafür aber Tausende von Leichen im Fernsehen.

Bei unserem ersten Atemzug, wenn sich unsere Lungen entfalten, wenn wir zum Erdenbürger werden … In diesem Moment werden wir befruchtet vom Tod, der in uns heranwächst, um am Ende unseres Lebens geboren zu werden. Leben heißt, schwanger zu sein mit dem Tod. Eine ungewöhnliche Vorstellung? Gruselig? Das ist Einstellungssache, und an der will ich mit diesem Buch ein wenig drehen. Denn es bringt ja nichts, sich gegen Dinge aufzulehnen, die unveränderbar sind.

Auf einmal war ich tot und habe es gar nicht gemerkt!

Es ist schnell dahingesagt: Irgendwann bin ich dran. Aber ganz tief drin, da gibt es eine Hoffnung, einen Kinderglauben, dass das nicht sein kann. Dass man eine Ausnahme ist oder zumindest: dass es dann, wenn es schon sein muss, ganz schnell geht. Idealerweise im Schlaf. *Auf einmal war ich tot und habe es gar nicht gemerkt.* Doch das erscheint nur auf den ersten Blick verlockend. Auf den zweiten könnte es sein, dass uns dann eine Menge entgeht. Ein Leben ohne Tod, das ist eben nur ein halbes Leben. So verrückt es klingt: Erst das Bewusstsein über den Tod macht das Leben bunt, intensiv und vor allem – es inspiriert zur Selbstverwirklichung. Dass man sein eigenes Leben lebt. Nicht das, was andere Leute glauben, was man tun sollte. Ach, es ist noch viel verflixter: Denn oft leben wir so, wie wir glauben, dass andere wollen, dass wir leben, was wir aber gar nicht merken. Hospizhelfer berichten, dass Menschen ein bewusst gelebtes Jahr intensiver empfinden können als zehn, die einfach so vergangen sind, und sogar sagen, dass sie den Preis dafür gerne zahlen: ihren Tod. Und dass sie nun gut Abschied nehmen können – weil sie wissen, wovon und dass es sich gelohnt hat.

Sie merken vermutlich, dass es in diesem Buch vom Sterben vor allem um das Leben geht. Nicht nur, weil ich noch nie einen Toten mit einem Buch in der Hand gesehen habe. Wozu auch? Wer »drüben« ist, der hat Antworten statt Fragen. Der glaubt nicht oder ahnt, der weiß. Ich glaube auch etwas, nein, ich lehne mich aus dem Fenster und sage: Ich weiß es. Dass nämlich jeder Mensch in sich die Fähigkeit hat, durchs Schlüsselloch zu blicken und die Verbindung zum hellen Leuchten unserer geistigen Welt wahrzunehmen. Weil ich so aufgewachsen bin und weil ich sie in meinem Sterbekabarett auf der Bühne so anspreche und in meinen Liedern besinge, nenne ich diese höhere geistige Welt in meinem Buch hin und wieder »lieber Gott«. Wenn ich einen Namen für meinen Glauben finden sollte, würde ich sagen, dass ich an die Schöpfung glaube, die sich in der Natur offenbart, ja, vielleicht steckt eine bayerische Schamanin in mir. Manchmal öffnet sich das Fenster ins Jenseits, in die Anderswelt einen Spalt. Sehr häufig ist das so, wenn man einen Menschen bei seinem Übertritt begleitet. Damit erweist man nicht nur diesem Menschen einen großen Dienst, sondern auch sich selbst. Irgendwann ist jeder an der Reihe, und es schadet nicht, wenn man schon mal ein bisschen geübt hat.

Wir würden doch auch niemals im Leben unvorbereitet

in Prüfungen, Konfliktgespräche, zu einem ersten Rendezvous gehen. Wir prägen uns ein, was wir wissen müssen, wir entwickeln Strategien und frisieren und rasieren uns sorgfältig. Der Tod aber erwischt uns kalt, wir begegnen ihm erstaunt, als hätten wir noch nie von ihm gehört. Ups, wie jetzt? Ich soll abtreten? Unverzüglich? Wo sind die Jahre geblieben, und Moment mal, dagegen bin ich doch immun, das trifft doch immer nur die anderen.

Ich selbst habe den Tod zuerst als grausam und ungerecht erfahren. Ich habe ihn gehasst. Er hat mir das Liebste genommen, da war ich erst fünfzehn: meine Mutter. Danach quälten mich schreckliche Vorwürfe. Dass ich ihr nicht richtig geholfen hätte, dass ich bei ihr hätte bleiben müssen. Aber ich war weggelaufen. *Feige,* schalt ich mich. Und dachte damals, ich könnte es nie wiedergutmachen. Ich war zu schwach gewesen, warf ich mir vor. Der Tod stand meiner Mama nicht gut, wie es in einem Film heißt. Noch ehe er sein Werk vollendet hatte, hatte er Besitz von ihr ergriffen, so schlimm, dass es mich sogar ekelte. Vor meiner eigenen Mutter! Mein schlechtes Gewissen schien mich zu zerfleischen. Am schlimmsten war, dass ich es nicht rückgängig machen konnte. Jetzt war sie nicht mehr da.

Doch etwas anderes kam in dieser schweren Zeit zu mir: ein helles, strahlendes Licht. So etwas Gleißendes, Schönes hatte ich noch nie gesehen. Auf einmal wurde alles ruhig und gut und friedlich. Sehr verwirrt, doch auch seltsam getröstet lernte ich, ohne meine Mutter zu leben – und auch ohne meinen Vater, der sich dem Alkohol zuwandte und bald einer anderen Frau, wie es so viele tun, die sich ablenken und schnell vergessen wollen. Viel später erst, als ich von diesem unvergesslichen Licht auch in den Erzählungen anderer Menschen hörte, begriff ich, was meine Mutter mir mit diesem Licht sagen wollte: Alles ist gut! Und tatsächlich, auch wenn sie körperlich nicht mehr anwesend war, so war sie es doch auf eine andere Art, die ich zuerst unbewusst, später bewusst wahrzunehmen lernte. Seither haben mir zahlreiche Trauernde von den Botschaften erzählt, die sie von ihren Verstorbenen erhalten haben. Im Kapitel über Nach-Tod-Erfahrungen werde ich einige davon schildern. Auch wenn es uns so erscheinen mag, als wären Diesseits und Jenseits unwiderrufbar voneinander getrennt: Es gibt Brücken. In anderen Kulturen werden diese ganz selbstverständlich begangen, da gilt diese strikte Trennung nicht, die bei uns üblich ist.

Heute bin ich überzeugt davon, dass es der bessere Weg ist, den Tod nicht auszuschließen. Denn das, worum es wirklich geht, kann man nicht vergessen oder verdrängen. Man kann es einladen an den eigenen Tisch, es gut bewirten, um am Ende vielleicht ebenso gütig bedacht zu werden: mit einem leichten Tod wie einer Nachspeise. Aber gewiss ist das nicht. Es ist überhaupt nichts sicher rund um das Thema Tod, und das macht es so spannend. Am Ende des Lebens lüften wir das tiefste Geheimnis und erleben unser größtes Abenteuer. Auch Woody Allen scheint trotz beträchtlicher Skepsis damit zu rechnen: »Ich glaube nicht an ein Leben nach dem Tod, werde aber ein Paar Unterhosen zum Wechseln mitnehmen.«

Nach dem Tod meiner Mutter stieg eine Frage in mir auf.

Was heißt hier eine, es waren Dutzende! Was genau hat es mit dem Sterben auf sich? Wenn jeder sterben muss, warum weiß man so wenig darüber? Wenn man geht, wie es heißt, wohin geht man? In einen Himmel? In Bayern in einen weiß-blauen katholischen? Bei den Preußen in einen protestantischen? Und gibt es einen internationalen

Himmel? Wie reden die da, reden die überhaupt? Und wenn die Hinterbliebenen hinten geblieben sind, was ist dann vorne? Kann man schon zu Lebzeiten ein Ticket für eine bequeme Reise lösen? Und wo steigt man aus, nachdem man den Bahnhof Erde verlassen hat?

Über das Ziel kann ich Ihnen nur das sagen, was ich selbst glaube, nein, weiß. Heute spreche ich alle Sterbensängste an. Totschweigen kommt auch in meinem Kabarettprogramm nicht vor, und ich kenne eine Menge todsicherer Tipps. Letztlich geht es darum, eine große Angst, die vielen Menschen nicht bewusst ist, sicht- und spürbar zu machen und sie anzunehmen, damit sie schrumpft. Das erlebe ich täglich in meinen Gesprächen, Seminaren, Coachings, Begegnungen und natürlich auf der Bühne.

Ich bin sehr dankbar und froh, dass ich so viele Menschen unterstützen durfte. Ich habe Hände gehalten, Wangen gestreichelt, als Clown im Altenheim Witze erzählt und Quatsch gemacht und als Krankenschwester Augen sanft geschlossen, als Sterbeamme Abschiede begleitet. Seit nunmehr zwölf Jahren bin ich Sterbe- und Traueramme, Trauerbegleiterin und -rednerin und Clown. Sterben und Amme? Trauer und Clown? Wie geht das zusammen? Meiner Meinung nach unbedingt, denn Humor erleichtert nicht nur das Leben, sondern auch das Sterben. Wer einem Sterbenden die Hand gehalten hat, ist danach ein anderer Mensch. Ich bin überzeugt davon, dass das Leben nur mit dem Bewusstsein seiner Endlichkeit wirklich rund ist – und schöner. Man muss nicht ständig daran denken. Einfach hin und wieder, auch als Erinnerung für die eigenen Werte, die wirklich wesentlichen Dinge im Leben. Was für eine Befreiung, für ein Glück, wenn man dann feststellen kann: Im Großen und Ganzen habe ich getan, was ich wollte, bin ich meinen Überzeugungen gefolgt.

Wer dem Tod bewusst einen Platz im Leben einräumt, installiert ein Korrektiv. Ich halte das für gesund, denn es kostet sehr viel Kraft und Energie, den Tod zu verdrängen. Die kann man auch anders nutzen.

In meinen fünfunddreißig Jahren als Krankenschwester saß ich nachts oft an den Betten von Menschen, die ich kaum kannte und die mir in diesen Momenten doch so nah waren, wie es kaum näher geht. Es gibt keinen Small Talk, keine Oberflächlichkeit und Äußerlichkeiten am Ende. Da geht es ans Eingemachte. Alles ist pur und nackt, so, wie wir auf die Welt gekommen sind.

Ich sitze an einem Bett und höre dem Schnaufen zu. Und noch ein Atemzug. Und die Pause. Und noch einer. Und dann Stille. So wie der Atem aus der Stille kam bei der Geburt, wenn sich die Lungenflügel entfalten. Zwischen diesen Polen, Geburt und Tod, findet das Leben statt. Was dazwischen geschieht, die Zahl unserer Atemzüge, die wir tun, die Zahl unserer Herzschläge, ist ungewiss.

Indem wir auf die Welt kommen, sind wir schon schwanger mit dem Tod. Aber im Gegensatz zu einer Schwangerschaft mit dickem Bauch weiß man nicht, wie lange diese dauert. Es könnten tatsächlich nur Monate sein. Meistens sind es nicht nur Jahre, sondern Jahrzehnte, manchmal ein ganzes Jahrhundert, bis der Tod, der im Leib herangereift ist, zur Welt kommt. Niemand kennt den Geburtstermin seines Todes. Oft kündigt er sich jedoch an. Keine Fruchtblase platzt, aber es kann zu anderen Lecks kommen. Es gibt untrügliche Zeichen, nicht nur körperlich, sondern auch die Seele macht sich am Ende der Erdenzeit zum Abflug bereit. Nur noch wenige Menschen können diese Zeichen lesen oder wollen sie erkennen. Heute verlässt man sich gern auf Hightechmedizin. Da muss man nichts spüren, man sieht alles auf einem Bildschirm. Daraus folgt eine vermehrte Entfremdung, eine Unsicherheit unseren Körper betreffend und auch im Umgang mit Sterben und Tod. Wir verlernen Empathie. Auch wenn wir wollten, wenn wir gern die Hand einer sterbenden Freundin, eines Familienmitgliedes halten möchten … es gruselt uns vielleicht ein bisschen. Wir haben Angst, einen Fehler zu begehen, das Falsche zu tun oder zu sagen und gleichzeitig, wenn wir es unterlassen, Angst, dass wir es bereuen werden. Wir trauen uns nicht zu fragen. Es ist so ähnlich wie beim Sex: Er wird besser, wenn man darüber spricht. Dazu fehlt aber vielen Menschen der Mut. Dabei wäre es so wichtig, miteinander zu reden! Für die, die gehen, wie für die, die bleiben. Aber wer sagt uns, was richtig und falsch ist, wenn wir keine Vorbilder haben? Zum Beispiel das einer Sterbeamme?

An einem Sonntagabend rief mich eine Familie an. Morgen sollte die Oma aus dem Krankenhaus kommen, weil sie unbedingt daheim sterben wollte. Diesen Wunsch wollte ihr der Sohn gern erfüllen. Auch seine Ehefrau und die Zwillingstöchter, die mit im Haus lebten, hatten Ja dazu gesagt. Doch jetzt wurden sie unsicher und mehr noch: Sie hatten Angst. Was würde auf sie zukommen? Waren sie der Situation gewachsen? Wie sollten sie mit der Mutter, der Oma umgehen? Wie begleitet man eine Sterbende? Worauf muss man achten? Fragen, die mir immer wieder gestellt werden und die im Grunde genommen einfach zu beantworten sind, wenn wir es wagen, auf die Stimme unseres Herzens zu hören. Wenn wir den Mut haben, uns an die Stelle des Sterbenden zu versetzen. Was würden wir selbst uns wünschen?

Schweigen wie ein Grab

Oft glauben Angehörige, sie müssten die Sterbenden schonen. Auch vor ihrer angeblich dunklen Zukunft, vor der sie selbst womöglich viel mehr Angst haben als der oder die Sterbende. Der ist vielleicht auch schon älter. Für sie wird es Zeit. Aber statt die letzten Wochen oder Tage zu nutzen, macht sich Sprachlosigkeit breit, man sagt nicht, was einen bewegt, und trennt sich dadurch voneinander. Dabei wäre gerade jetzt Aufrichtigkeit wichtig, denn sie stärkt beide, die Gehenden und die Bleibenden. Oft stellt sich die Situation so dar, dass die Angehörigen die Sterbenden ablenken, alles vermeiden wollen, was sie an ihren Tod erinnern könnte. Aber diese Menschen müssen nicht daran erinnert werden, sie wissen es, sie spüren es. Der Tod steckt uns im Leib, zumal die Oma ja, wie in diesem Fall, zum Sterben nach Hause gekommen war, um von dort final heimzugehen.

Ich lernte die Familie am nächsten Tag kennen; die Oma war seit drei Stunden im Haus. Schon im Flur spürte ich die seltsame Atmosphäre. Als wäre das Haus mit Watte ausgestopft. Eine Enkeltochter flüsterte, ihre Mutter huschte mit gesenktem Kopf an mir vorbei, ihr Gatte hatte ein verweintes Gesicht. Dieser bedrückte Ort war nicht ideal zum Sterben. Ich nahm aber nicht nur Ratlosigkeit, Angst und Trauer wahr, sondern auch etwas Ungeklärtes. Zahlreiche Menschen tun sich schwer mit dem Sterben, weil sie noch etwas Unerledigtes im Keller ihrer Existenz haben. Dabei haben wir doch von unseren Müttern gehört, dass man vor einer Reise die Wohnung aufräumen soll, denn was ist, wenn ein Wasserschaden passiert und die Feuerwehr reinmuss. Genauso zieht man vor einem Arztbesuch saubere Unterwäsche an.

Manchmal scheinen es Kleinigkeiten zu sein, die Menschen den letzten großen Abschied unmöglich machen. Kein Außenstehender kann sich anmaßen zu wissen, welche Bedeutung diese scheinbaren Kleinigkeiten haben. Wer die Hände voll hat, kann nicht loslassen. Und darum geht es am Ende, um das letzte große Loslassen. Ich sehe das so: Wenn du dich mit dem Tod beschäftigst, steht dein Leben auf dem Kopf. Und wenn dein Leben auf dem Kopf steht, fällt alles aus den Taschen, was du nicht mehr brauchst. Und leichter und heiter schreitest du weiter.

Mit der Zeit habe ich ein Gespür für Unerledigtes bekommen. So wie ein Trüffelschwein wittere ich Konflikte. Solche »unerledigten Geschäfte« hindern uns laut der Schweizer Psychiaterin und Sterbeforscherin Elisabeth Kübler-Ross am Sterben. Ich bin sehr dankbar, dass ich dieser beeindruckenden Persönlichkeit vor vielen Jahren bei einem Vortrag leibhaftig begegnet bin. Bis heute ist ihr Appell, die »unerlädigten« Dinge, die sie in wohlklingendem Schweizer Dialekt beschrieb, zu klären, ein roter Faden meiner Arbeit. Für Elisabeth Kübler-Ross war der Tod ein Übergang in eine andere Frequenz. Sie hielt das Leben für schwerer als den Tod und die Angst vor dem Tod für unbegründet. In vielem schließe ich mich ihrer Meinung an, zumal ich ihr Phasenmodell in meiner Praxis mit kranken und sterbenden Menschen bestätigt sehe.

Das »unerledigte Ding« in diesem Haus lag dem Sohn der Sterbenden auf der Leber. Nachdem wir uns über den neuen Alltag der Familie in dieser schwierigen Situation unterhalten hatten und ich allen erklärt hatte, dass sie sich bitte normal verhalten sollten, um ihrer lieben Mutter und Oma einen guten Abschied zu ermöglichen, vertraute mir der Sohn an, dass er sein Leben lang unsicher gewesen war, ob er wirklich der Sohn seines Vaters sei. Er hatte einen anderen Kandidaten im Sinn, nämlich den besten Freund seines Vaters. Es gab wohl im Lauf der Zeit gewisse Andeutungen und auch körperliche Ähnlichkeiten, doch er hatte sich lange nicht mehr mit dem Thema beschäftigt. Und na ja: »So was kann man seine Mutter doch nicht fragen. Andererseits: Wenn ich es jetzt nicht tue, nimmt sie die Wahrheit mit ins Grab.« Ja, es liegen viele Wahrheiten in Gräbern und quälen die Dagebliebenen. *Hätte ich doch* ist keine Antwort, wenngleich es sicher manches gibt, was in einem Grab gut aufgehoben ist. Nicht umsonst heißt es: Ich kann schweigen wie ein Grab.

Zwei Tage später erzählte mir der Sohn, dass seine Mutter unendlich erleichtert war, dass er seine brennende Frage gestellt hatte. Wie hätte sie selbst das Thema zur Sprache bringen können … Eine Woche darauf starb sie, und alle Familienangehörigen waren berührt und beschenkt von diesem Abschied, der ihnen auch ein Stück weit die Angst nahm. So etwas macht mich immer froh. Man hat einfach zu wenig Ahnung vom Sterben und dem Tod. Wer weiß zum Beispiel, dass man auch einen im Krankenhaus Verstorbenen nach Hause holen und ihn dort – je nach Bundesland unterschiedlich lange und bitte nicht in der Küche – aufbahren darf, um Totenwache zu halten, damit sich Freunde und Familie verabschieden können. Bedenkt man, dass ein gelungener Abschied die Weichen stellt für das Weiterleben ohne einen lieben Menschen, dann begreift man, wie wichtig er ist. Vielen fällt das leider erst auf, wenn es zu spät ist. Doch es ist nie zu spät! Man kann sich auch von einem bereits verstorbenen Menschen verabschieden. Loslassen ist eine Lebensaufgabe.

Für Außenstehende mögen manche der »unerledigten Dinge« wie Bagatellen wirken, doch für die Betroffenen hängen sie wie Bleigewichte an einem Abschied und können ihn be- und erschweren. Kurios ist es, dass manches im Lauf des Lebens in Vergessenheit geraten ist. Im Angesicht des Todes tauchen die Themen wieder auf. Der nahende Tod zieht den Schleier weg, und dann ist man konfrontiert mit ollen Kamellen, auch mit Erinnerungen, für die man sich vielleicht schämt. Doch sie verlangen nach Klärung, sowohl beim Sterbenden als auch bei der Bleibenden, die einen guten Abschied herbeiführen möchte, weil ihr schwant, dass sie sonst gegebenenfalls damit weiterleben muss, eine letzte Chance versäumt zu haben. Oft geht es hier um Verzeihen, und zwar auf beiden Seiten. Wobei das nicht bedeutet, dass man etwas gutheißt. Man verzeiht es. Man muss es nicht vergeben. Verzeihen bedeutet, dass man seine Geschichte annimmt: Sie gehört zu mir. Dieses Annehmen ist die Voraussetzung für Frieden.

Den meisten Angehörigen, Kranken, Sterbenden, den Reisenden und den Bleibenden geht Ähnliches durch den Kopf. Der Tod verbindet uns miteinander, dieses Schicksal teilen wir alle. Zum Glück gibt es heute viele Bücher über Tod, Trauer und Sterben. Dass Sterbeammen dabei unterstützen, ist vielen Menschen aber nicht bekannt. Das möchte ich gerne ändern. Genauso wie die Tatsache, dass man sich wegen »schlechter« Gedanken rund um den Tod schämt. Wenn man an Gott glaubt, darf man sich doch nicht so fürchten? Wenn man seinen Mann liebt, darf es einem doch nicht vor ihm grausen? Gut, dass keiner weiß, dass ich mir nur eins wünsche: dass er endlich tot ist. Ich kann nicht mehr … Oder auch: Ich weiß nicht, wie ich ohne sie leben soll – und deshalb soll eine »dem Tode geweihte Patientin« schmerzhafte Prozeduren für eine minimale Lebensverlängerung auf sich nehmen, wenngleich sie austherapiert ist …

Tatsache ist: Wenn man seine eigenen Tränen noch nicht geweint hat, ist man keine gute Begleitung für einen Sterbenden. Wenn ich Angst vor dem Tod habe, wie soll ich einem anderen Menschen die Angst mildern oder gar nehmen? So gehört es zur Ausbildung einer Sterbeamme, dass sie sich mit ihrem eigenen Schatten konfrontiert. Deshalb steht in meinen Seminaren zur Sterbebegleitung, die ich seit vielen Jahren gebe, der erste Tag ganz im Zeichen der eigenen Vorstellung über den Tod. Die schauen wir uns intensiv an, die müssen wir kennen und klären, ehe wir weitergehen und dann anderen die Hand reichen, ob sie nun sterbend oder krank sind. Diese Haltung findet man aber nicht einmal und behält sie bis zum Sankt Nimmerleinstag. Es ist ein ständiges Herantasten, ein immer wieder neues Ringen und In-die-Kraft-Kommen. Ich bete und bitte vor jeder Begegnung und Begleitung um Führung. Ich weiß, dass ich nur ein Werkzeug bin. Damit ich das sein kann, meditiere ich regelmäßig und schöpfe viel Kraft aus der Natur. Wer sich mit dem Tod beschäftigt, braucht einen guten Stand, sonst haut er einen um. Für die Sterbenden, die Trauernden, die Angehörigen bin ich manchmal ein Fels in der Brandung ihrer Katastrophe. Da muss ich auch Orkane und schwere Brecher aushalten können, also gut verankert sein in meiner Spiritualität. Wenn ich in meinem Leben zurückschaue, finde ich viele Situationen, die auf meine Verbindung in die geistige Welt schließen lassen. Doch über lange Jahre hinweg wusste ich das nicht. Richtig aufgefallen ist es zuerst anderen. Noch als Lernschwester riefen meine Kolleginnen in der Klinik mich, wenn jemand im Sterben lag. Es hatte sich herumgesprochen, dass ich keine Berührungsängste hatte, »ein Händchen dafür«, hieß es. Aber es war nicht bloß ein Händchen, es war auch ein Köpfchen oder Herz. Denn manchmal nachts – ich liebte die Nachtdienste –, wenn ich in einem Zimmer zu tun hatte, spürte ich aus einem anderen Zimmer durch die Stille ein Rufen. Ein Sog zog mich dorthin, auch wenn ich gerade bei dieser Patientin gewesen war, auch wenn es bei ihr aktuell nichts zu tun gab, die Infusion lief. Ich klopfte, trat ein und sah, dass das aktive Sterben begonnen hatte. So setzte ich mich an das Bett der Patientin, hielt ihre Hand und teilte mir die folgende Arbeit so ein, dass ich viel Zeit mit ihr verbringen konnte. Natürlich informierte ich die Angehörigen und den diensthabenden Arzt. Vor allem aber blieb ich bei diesem Menschen.

Ein Grund für mein Ausscheiden aus der Klinik nach fünfunddreißig Jahren liegt darin, dass wir als Pflegepersonal immer weniger Zeit hatten für das, weshalb viele von uns diesen Beruf gewählt haben. Wir sind nur noch gerannt, es gab viel zu viele Patienten für eine Krankenschwester, einen Pfleger, und gar keine Zeit mehr, sich an ein Bett zu setzen. Wie Leistungssportlerinnen hetzten wir von Zimmer zu Zimmer, immer mit dem Gefühl, es nicht zu schaffen. Am Ende nahm ich mein Rennrad mit in die Klinik und trat in die Pedale, um über die langen Flure schnell bei einem Patienten zu sein, das ist kein Witz!

Ich trug viel Leid mit nach Hause, und eines Tages hatte ich keine Kraft mehr. Eigentlich habe ich ziemlich lange durchgehalten, denke ich heute und bin froh, dass alles so gekommen ist, denn seit zwölf Jahren arbeite ich endlich so, wie ich es möchte: Ich habe alle Zeit der Welt, um andere so zu begleiten, wie es für sie stimmig ist. Und dann stimmt es auch für mich.

So, wie jeder Mensch einzigartig ist und lebt, stirbt er auch einzigartig. Jedes Sterben ist anders. Wie genau, das weiß man erst ganz zum Schluss. Und das ist gut so.

Sterben ist keine neue Erfindung

Es kommt mir so vor, als hätten die Leute früher viel mehr über den Tod gewusst, obwohl wir heute sogar verschiedene Tode definieren können zwischen Hirn-, Herz- und Nahtod. Der eigentlich ein Ferntod ist. In Büchern und Filmen gibt es immer wieder eine Szene wie diese: Ein Mensch legt sich zu Bett und bittet, die Familie zusammenzurufen: »Es geht zu Ende mit mir.« Wie kann er das wissen, ohne Ultraschall und Röntgen? Ich bin überzeugt davon: Die Seele weiß es! Sie ist es, die entscheidet, wann es so weit ist, nicht die Diagnose. Wenn Ärzt*innen drei Monate Lebenszeit einräumen und die Seele noch drei Jahre braucht, dann wird es eben noch drei Jahre dauern. Diese Erfahrung habe ich immer wieder gemacht. Die Seele ist zwar schwer fassbar und keiner weiß, wo sie sitzt, doch wir können Kontakt mit ihr aufnehmen – zum Beispiel durch Meditation und Gebet.

Doch unser eigenes Gefühl wird heute vielerorts von Maschinen entmachtet oder gar ersetzt. Wir erhalten Diagnosen, die ein Zeitlimit setzen, und Maschinen und Medikamente sorgen dafür, dass dieses Limit ausgedehnt wird. Glauben wir. Ich glaube, dass das Aberglaube ist. Dass wir den wahren Steuermann, die wahre Steuerfrau oft gar nicht kennen.

Die meisten Menschen wünschen sich, in einer vertrauten Umgebung zu sterben. Am liebsten zu Hause im Kreise der Familie, ihrer Freundinnen und Freunde. Hospize und Hospizvereine helfen hier weiter. Oder man ruft eine Sterbeamme an. Vor allem geht es um die eigene Entscheidung, einen lieben Menschen auf seinem letzten Stück Weg zu begleiten. Das kann im Grunde jede*r, wie auch jede*r in die Situation kommen kann, Geburtshelfer zu werden. Und was macht man dann? Man sorgt für heißes Wasser, das kennt man aus dem Kino, wenngleich nie erklärt wird, wozu.

Auch im Umgang mit Trauernden fehlen uns Vorbilder. In unseren Breiten gibt es keine Klageweiber mehr, der Tod ist optimiert worden, sodass sich Trauernde manchmal fühlen, als hätten sie eine ansteckende Krankheit: Man meidet sie, so höre ich es oft in meiner Eigenschaft als Traueramme, Trauerbegleiterin und Trauerrednerin.

Galgenhumor

Wenn wir ewig leben würden, wäre das Leben nichts Besonderes. Stellen Sie sich das mal vor! Nach wie vielen hundert Jahren wäre Ihnen sterbenslangweilig? Und warum wünscht man sich das überhaupt? Weil wir nicht wissen, was eigentlich beim Sterben passiert und ob es dann wirklich aus ist oder ob danach noch was passiert und was, bitte schön. Ob es ein Happy End gibt? Das weiß man erst danach. Wenn man dann noch etwas weiß.

Eine Garantie kann uns niemand geben, dass der Tod ohne Komplikationen auf die Welt kommt. Wir kriegen kein Zeugnis: Frau X, Herr X hat sich getraut, sich mit dem Sterben auseinanderzusetzen, und eine bestmögliche Sterblichkeitsziffer erlangt. Hier bitte schön ist die Urkunde, und somit erhält der Prüfling ein beschleunigtes Verfahren oder stirbt erster Klasse, und alles wird einfach paradiesisch.

Aber immerhin bin ich mit Petrus per Du. Und Sie

womöglich auch, oder haben Sie ihn schon mal mit Nachnamen angesprochen? Der würde mich dann aber auch interessieren. Mit Petrus stehe ich auf gutem Fuß. Hätte er ein Handy, vielleicht wüsste ich die Nummer. Aktuell habe ich ihn als Nummer sprich Lied in meinem Kabarettprogramm. »Petrus«, singe ich ihn an im Refrain von »Nackt, nackt, nackt an der Himmelstür«. Als Kabarettistin stehe ich seit meinem achtzehnten Lebensjahr auf der Bühne. Aber davon kann man natürlich nicht dauerhaft leben. Und zum Sterben war es auch nicht genug. Also habe ich jahrzehntelang von meinem Brotberuf als Krankenschwester abgebissen. Ich hatte quasi immer Nachtdienst. Entweder auf der Bühne oder in der Klinik. Zwischendurch habe ich drei Kinder bekommen und einen Ehemann verloren und noch einen gefunden und bin so krank gewesen, dass ich dachte, jetzt hätte mein letztes Stündlein geschlagen. Der Mensch denkt, Gott lenkt. Er hat meine Uhr dann wieder aufgezogen, händisch. Ich glaube nicht, dass die da oben vom Stromnetz abhängig sind, die haben ihre eigene Energie, und die versorgt auch uns, wenn wir uns daran anschließen: alles kostenlos, aber niemals umsonst!

Sich mit dem Tod zu beschäftigen erfordert Mut, das ist mir bewusst. Und wenn ich Ihnen auch keine Empfehlung für Petrus ausstellen kann, so finde ich, dass Sie es an dieser Stelle schon ganz schön weit gebracht haben. Sie begleiten eine Sterbeamme in unsicheres Terrain. Weihwasser statt heißes Wasser? Sie haben es bestimmt schon gemerkt: Für mich ist Humor ein Allheilmittel, auch beim Sterben, und er hat auch einen Namen: Galgenhumor. Am liebsten würde ich bei meinem Tod hellwach dabei sein, ihn so bewusst wie möglich erleben. Idealerweise ohne Schmerzen, was heutzutage dank der Palliativmedizin machbar ist.

Das sage ich auch Menschen, die ich in Bezug auf Sterbehilfe berate. Erst neulich war ein junger Mann bei mir, der sein Ticket zu EXIT in der Schweiz schon gelöst hatte. Da wird die Sterbeamme zur Lebensamme. Man kann schließlich einen späteren Zug nehmen und braucht überhaupt keine Sorge zu haben, dass man irgendwann den letzten (Atem-)Zug verpasst. Der kommt so sicher wie das Amen in der Kirche. Die Frage ist nur: Wann?

Der Anstieg der Lebenserwartung der Menschen bringt auch eine Verschiebung des Sterbens in höheres Alter mit sich. In unserem gepflegten Alltag ist es zudem relativ unwahrscheinlich, mit Sterben konfrontiert zu werden. Auch verliert ein Mitteleuropäer beispielsweise nur noch alle fünfzehn Jahre einen nahen Angehörigen. Früher, und in vielen Teilen der Welt auch heute noch, war der Tod allgegenwärtig. Dabei starben hauptsächlich jüngere Menschen: Säuglinge, Kinder, Jugendliche, Soldaten, Mütter. Sie starben bei Geburten, durch Hunger, Krankheit, Seuchen und viele Kriege, große und kleine, und mangelnde medizinische Versorgung sowie katastrophale hygienische Bedingungen.

Früher dominierte ein schneller Tod, häufig durch Infektionen. Heute wird oft langsam und lange gestorben. Das gilt besonders für ältere Menschen mit fortgeschrittenen Krebserkrankungen und anderen chronischen Krankheiten.

Früher war der Tod ein vertrauter Zeitgenosse. Im Kreis der Familie wurde der Verstorbene gewaschen und angekleidet und hergerichtet für die Aufbahrung. Die Totenwache konnte mehrere Tage dauern, und vor der Beerdigung wurde der Sarg, der auch im Leichenschauhaus nicht verschlossen war, offen durch das Dorf getragen oder gefahren. Heute gilt die Devise: Deckel drauf.

Früher wurde der Tod auch ersehnt als Erlösung vom harten Erdenleben. Es gab zum Beispiel keine Narkose beim Zahnarzt, oft nicht mal einen Zahnarzt. Häufig starben die Menschen an Krankheiten, die wir heute nicht einmal als bedrohlich wahrnehmen, weil wir Antibiotika zur Verfügung haben. So war der Glaube der Menschen in vergangenen Jahrhunderten unerschütterlich, dass es woanders schöner sei. Menschen brauchen Hoffnung, und der Tod trug die Hoffnung auf das Paradies in sich.

Bis zum 17. Jahrhundert war die Angst vor dem Tod als flächendeckendes Phänomen unbekannt. Der französische Forscher Philippe Ariès beschreibt in seiner *Geschichte des Todes,* dass erst allmählich mit der Aufklärung und dann dem Beginn der Wissenschaft die Angst vor dem Sterben erwuchs. Fast zwei Jahrtausende lang – von Homer bis Tolstoi – ist im Abendland die Grundeinstellung der Menschen zum Tod nahezu unverändert geblieben. Der Tod war ein vertrauter Begleiter, ein Bestandteil des Lebens, er wurde akzeptiert und häufig als eine letzte Lebensphase der Erfüllung empfunden. Doch seit dem 19. Jahrhundert hat sich ein entscheidender Wandel vollzogen. Der Tod ist für viele heutige Menschen angsteinflößend und unfassbar, und er ist außerdem in der modernen, leistungsorientierten Gesellschaft nicht eingeplant. Der Mensch stirbt einsam. Auch die Särge sind von den Straßen verbannt, und die meisten Bestatter verzichten auf alles, was ihr Dienstfahrzeug als Leichentransporter erkennbar machen könnte.

Vor einiger Zeit hatte ein Münchner Hospiz Probleme mit einem Nachbarn: Er beschwerte sich über die offen erkennbaren Leichenwagen, die auf der Straße parkten. Das sei unerhört. Warum man die Leichen nicht nachts wegschaffe, wenn niemand es sehen müsse. Es sei schädlich für die Kinder, die in ihrer Entwicklung nachhaltig gestört würden, wenn sie permanent mit Leichenwagen konfrontiert seien. Im Krankenhaus haben wir das seinerzeit wirklich so gemacht, wenngleich es dort keine Kinder gab. Wir haben die tagsüber Verstorbenen im Bad geparkt und die Leichen nachts in den Keller in die Kühlung gefahren, damit niemand im Krankenhaus einen Leichnam sieht: Das wäre ja imageschädigend!

Ja, der moderne Mensch bevorzugt es, sich den Tod aus den Augen zu schaffen. Diese Flucht funktioniert allerdings nicht. Dem Tod davonzulaufen heißt, dem eigenen Tod davonzulaufen, und das wiederum heißt, vor seinem eigenen Leben davonzulaufen, denn ein Leben ohne Tod gibt es nicht. Genau darunter leidet das Leben bei vielen rastlosen Menschen in unserer Leistungsgesellschaft, die sich doch nur eines wünschen: »Zeit für mich«, und gleichzeitig alles unternehmen, damit genau diese Zeit nicht stattfindet. Doch es ist, wie es ist: Heute scheint die Angst vor dem Tod zur Ausstattung des Menschen dazuzugehören. Vielleicht gibt es deshalb fast nur noch Krimis im Fernsehen. Irgendwohin muss er ja, der Tod, und die Polizei kann ihn wenigstens einsperren. Die Frage ist nur, wie groß diese Angst ist. Wenn sie dazu führt, dass Teile des Lebens ausgeblendet werden, dominiert der Tod das Leben.

Wer allerdings behauptet, er habe keine Angst, sagt das in der Regel, wenn der Tod nicht unmittelbar bevorsteht. Psychologische Untersuchungen zeigen nämlich, dass die Angst vor dem Tod bei jedem Menschen vorhanden ist. Wer sich mit dem Tod beschäftigt, bewältigt die Angst zwar, doch verlieren wird man sie nicht gänzlich, sie gehört einfach zum Leben. Sogar Helden, die eben noch behauptet haben, dem Tod ruhig in die Augen zu blicken, werden panisch, wenn sie nach einer bildgebenden Untersuchung auf das Ergebnis warten. Doch schrumpfen und umwandeln kann man die Angst nicht durch Wegschauen, sondern nur durch Hinschauen. Was wir kennen, macht uns weniger Angst. Womit wir vertraut sind, das schüchtert uns nicht ein. Und wenn wir erleben, wie unendlich tief die Begegnung mit einem sterbenden Menschen ist, auf die wir uns mutig, weil empathisch, einlassen, dann, ja dann … haben wir nicht nur diesem Menschen, sondern auch uns selbst einen großen Dienst erwiesen. Für mich sind die Menschen, die ich begleiten durfte, meine größten Lehrmeister.

Wir alle sind schwanger mit unserem Tod

Wenn alles glattläuft, ist man einige Jahre, ja sogar Jahrzehnte unsterblich. Gestorben wird nur bei anderen, und wenn man riskante Sportarten pflegt, mit hundert Sachen eine enge Kurve nimmt, von einem Felsvorsprung in die Tiefe springt, dann macht das einfach Spaß. Das ist das Privileg der Jugend, und es ist wunderschön. Diese unbeschwerte Haltung schätzt man allerdings erst, wenn sie der Vergangenheit angehört und sich die Gefahren bei riskanten Manövern in den Vordergrund drängen. Was alles passieren könnte! Und was bitte nicht passieren soll, da man am Leben hängt, weil man an der Sterblichkeit geschnuppert hat. Man weiß jetzt, dass die Unsterblichkeit eine, wenn auch schöne, Illusion ist. Also, die meisten Leute wissen es. Und wollen es doch lieber nicht wissen und verdrängen es deshalb vielleicht. Wer sagt schon: Ich fahre nicht mehr so schnell Motorrad wie früher, weil ich Angst vor dem Tod habe. Man sagt eher: weil ich vernünftig bin. Oder: weil die Augen schlechter geworden sind. Dafür kann man nichts. Während eine verminderte Reaktionszeit auf das, pfui Teufel, Alter verweist.

Ich finde, dass man die sich wandelnde Bedeutung des Todes in drei Lebensabschnitten gut erkennen kann. Und wieder sehe ich eine Parallele zu einer Schwangerschaft, in der wir von drei Trimestern bis zur Geburt sprechen. Drei mal drei Monate. Und auch die Geburt des Bewusstseins des Todes verläuft bei vielen Menschen in drei Etappen.

Bis zum etwa dreißigsten Lebensjahr herrscht in unseren Breiten im Idealfall die Unsterblichkeit wie eben ausgeführt. Zwischen dreißig und sechzig ist es nicht mehr zu verbergen, dass wir etwas ausbrüten. Das Ende nämlich. Bei manchen wird es tatsächlich als Bäuchlein oder Bauch sichtbar, bei anderen nisten Krähenfüße in den Augenwinkeln, und oberhalb lichtet sich das Haarnest. Und wenn es nur solche Äußerlichkeiten betrifft, ist man noch ziemlich gut weggekommen. Man kann sich auch die eine oder andere Zivilisationskrankheit einfangen, Diabetes, Bluthochdruck, die Pumpe macht schlapp, und natürlich nagt der Zahn der Zeit an den Knochen, man kommt nicht mehr so schnell mit, sondern versteht vieles nicht. »Wie bitte, was hast du gesagt?« Und die Altersweitsichtigkeit ist auch kein Trost. Man kann nicht mehr ganz so unbeschwert in den Tag hinein leben, weil man weiß, dass der auch einen Abend hat. Und ringsherum ist es mancherorts bereits Nacht geworden. Eltern sind gestorben, Haustiere, vielleicht Freunde, schwere Krankheiten im Umfeld sind aufgetreten … man muss, wenn auch mit schmerzendem Bedauern, zur Kenntnis nehmen: »Man ist doch nicht unsterblich«. Das kann man als Arbeitshypothese annehmen und damit leben oder es verdrängen.

Am Ende dieses Trimesters überschreiten wir mit hoher Wahrscheinlichkeit unseren Zenit. Die zweite Lebenshälfte wird nicht so lange dauern wie die erste, zumindest ist das jetzt gerade, während ich das schreibe, so. Aber wer weiß, vielleicht wird noch eine Unsterblichkeitspille erfunden. Ich würde sie niemals schlucken.

Im dritten Trimester kommen die Einschläge näher, wie es so schön heißt. Was auch viel aussagt über unsere kriegerische Einstellung zum Feind Tod. Wie wir es auch drehen und wenden: Mit fortschreitendem Alter erwischt er uns immer wieder kalt, lugt um jede Ecke. Sich auf Beerdigungen zu treffen ist nichts Außergewöhnliches, sondern wird zur traurigen Gewohnheit. Nach und nach lichtet sich der Kreis unserer Lieben, daran gibt es kein Rütteln. Und dennoch versuchen es manche Menschen und spielen weiter unsterblich. Einige setzen auf Requisiten: Sportflitzer, jugendliche Geliebte, Schönheitschirurgie, man kennt das. Ich sehe es so: Wir können dem Tod ein komfortables Zimmer zuweisen, ihn gut bewirten und ihm hin und wieder frische Blumen auf den Nachttisch stellen. Oder ihn in den Keller in ein Verlies sperren, damit wir ihn nicht sehen müssen, wodurch er umso sichtbarer wird. Und vor allem hörbarer. Denn er brüllt nach oben. Er will raus!

Im dritten Trimester können wir unsere Schwangerschaft mit dem Tod nicht mehr verheimlichen. Ja, manchmal werden wir sogar so bezeichnet: Grufti. Das sagen Jüngere, denen wir nichts vormachen können. Während wir uns doch noch gut in Schuss finden. Vielleicht dank Botox & Co? Ich glaube, dass die weitverbreitete Negierung des Älterwerdens und der Schönheits- und Jugendwahn Symptome der Angst vor dem Ende sind. Herumgedoktert wird an Äußerlichkeiten. Dabei kommt es auf die innere Einstellung an. Sie entscheidet über ein gelungenes, vielleicht sogar glückliches drittes Trimester. Sagen wir Ja zu dem, was auf uns wartet, zu allem, dem wir entgegengehen, Atemzug für Atemzug. Oder stemmen wir uns dagegen? Was ist jetzt wichtig? Am Ende liegen wir in den Wehen und hecheln und pressen und … schlüpfen durch den Sterbeprozess. Und dann kommt die Nachgeburt, der (Baby-)Blues der Trauernden. Und alles geht wieder von vorne los, das ist meine Überzeugung.

Mein Tod hat Lernen zum Ziel. Leben für Leben immer mehr lernen, reifen. Schwieriger ist es, wenn man ins schwarze Loch fällt. Aber bei den meisten Menschen glimmt durchaus eine Hoffnung in dem Loch, dass da noch was sein möge. Denn alles andere ist doch … unvorstellbar. Wie soll man sich vorstellen, nicht mehr da zu sein? Das ist genauso unbegreiflich wie die Unendlichkeit des Alls.

Obwohl ich evangelisch aufgewachsen bin, glaube ich an das Rad der Wiedergeburt. Das macht es mir auch leichter, den Tod nicht zu fürchten. Doch auch überzeugte Christen haben weniger Ängste, denn ihr Tod hat ja ein Ziel: das Paradies. Manchmal allerdings knickt eine beharrliche Kirchengängerin am Ende doch noch ein. Um den Tod herum ist plötzlich alles anders. Was man sich vorgenommen haben mag, kann man nicht erfüllen, sichere Überzeugungen weichen auf, man treibt orientierungslos in einem Meer aus Angst. Wie gut tut es da, wenn eine Lotsin auftaucht – eine Begleitung auf diesem letzten Stück Wegstrecke. Ein freundlicher Mensch, der keine Angst hat. Der die Hand hält. Oder einfach nur im gleichen Takt atmet. Man muss sich vorher gar nicht gekannt haben. Und lernt sich doch so intensiv kennen wie sonst nie. Oder man hat das Sterben geübt und kann sich selbst ein Lotse sein. Und anderen. Ob es klappt … tja, das weiß man erst am Ende und nach dem Ende. Oder man weiß dann gar nichts mehr, was ja auch eine Antwort ist.

Happy End

Wenn ich meine Enkelin anschaue, sie ist nun zwei Jahre alt, glaube ich nicht, dass sie weiß, dass ihre Zeit endlich ist. Ich weiß nicht, wie ihre erste Begegnung mit dem Tod sein wird. Wird ihr Teddybär beim Wandern abstürzen, ein

Hamster tot im Käfig liegen oder ein Nachbar aus seiner Wohnung getragen werden? Werde ich es sein, von der sie sich verabschiedet, und wird sie darüber traurig sein? Es kommt darauf an, wie alt sie dann ist und wie unser Verhältnis gewesen sein mag. Zumindest den letzten Punkt habe ich in meiner Hand.

Ja, wir sterben. Und ja, wir können den Tod gestalten mit unserem Leben davor. Am Ende des Lebens denken viele Menschen über das nach, was geschehen ist. Wer eine Nahtoderfahrung hatte, erzählt von einem blitzartig ablaufenden Film. Was sehen wir in diesem Film, was möchten wir sehen? Allein das Wissen, dass wir das beeinflussen können als Regisseure, bewahrt uns davor, in Resignation zu verfallen: Jetzt ist es eh schon zu spät. Nein, fangen Sie an! Jetzt!

Trauen Sie sich: Was wäre, wenn Ihr Leben in der nächsten Stunde enden würde? Davor ist niemand gefeit, auch wenn Sie jetzt gerade behaglich auf dem Sofa in Ihrer gemütlichen Wohnung sitzen. Es kann immer etwas geschehen, womit keiner gerechnet hat. Das Einzige, worauf man sich verlassen kann, ist, dass man sich auf nichts verlassen kann.

Was ist mit diesem sagenumwobenen Film, der in den letzten Lebensminuten oder -sekunden, vielleicht sind es auch nur Bruchteile von Sekunden, in einem abläuft? Ist es ein schöner Film? Wir gestalten ihn, hier und heute, Atemzug für Atemzug.

Dass ich es vor vielen Jahren wagte, über meinen eigenen Film am Ende nachzudenken, hat mein Leben verändert. Ich war damals knapp vierzig, hatte drei Kinder und eine Scheidung hinter mir und begriff zum ersten Mal, dass ich trotz vieler schöner Erlebnisse keineswegs die Regisseurin meines Films gewesen war. Ich hatte gehandelt, wie ich glaubte, dass es von mir erwartet wurde. Ich hatte mich treiben lassen, gerade so, als hätte ich keine andere Wahl. Und dann waren da noch all die Sachzwänge, die einem wenig Freiraum lassen, das zu tun, was man eigentlich tun will ... wenn man es überhaupt weiß. Es war ein Schock für mich, zu erkennen, dass ich gar nicht so genau wusste, wie mein Film aussehen sollte. Natürlich wünschte ich mir, dass meine Kinder glücklich und froh waren wie die Möpse im Haferstroh, ich wünschte mir Gesundheit für alle meine Lieben, auch für die ganze Welt, und Erfolg als Kabarettistin und dass ich als Krankenschwester meinen Patienten gut zur Seite stehen konnte. Aber das alles war noch nicht so ganz mein eigener Film, er hätte zu einer x-beliebigen anderen Person gehören können. Im Angesicht meines eigenen Todes merkte ich, dass ich mit diesem Film nicht so ganz zufrieden war. Denn über weite Strecken musste ich der Tatsache ins Auge sehen, dass ich tagaus, tagein geschuftet und gearbeitet hatte und vor allem: dass ich es anderen recht machen wollte. War das ein Happy End? Nein, ich wollte einen anderen Film sehen – von einer Frau, die das Leben genossen und gefeiert hat. Die trotz ihrer Tiefgründigkeit die glitzernden Momente an der Oberfläche pflücken konnte. Die sich Zeit nahm, schwimmen zu gehen und in der Natur frei zu atmen. Die sich freut, wenn sie Kieselsteine findet, die sich zum Bemalen eignen. Noch mehr freut sie sich, wenn die Katzen dazukommen und den Pinsel schnurrend beäugen. Und wenn sie selbst ihren Mann beim Kochen beobachtet und riechen kann, wie gut es gleich schmecken wird. Sie ist dankbar für all das Schöne in ihrem Leben. Kurz: eine Frau, die die vielen »kleinen Glücke« am Wegrand des Alltags wahrnimmt. Die kleinen Glücke, auf die es letztlich ankommt und aus denen das große Glück zusammengesetzt ist. Genauso, wie ich es einmal in einem Lied geschrieben habe: In meinem letzten Bett beim Hinübergehen möchte ich einen schönen Film sehen.

Mein neuer Lebensfilm begann seinerzeit direkt nach einem Wochenendseminar, das ich mir zur Neuorientierung als alleinerziehende Mutter gegönnt hatte. Auf der Heimfahrt wurde ich müde und verließ die Landstraße an einem Parkplatz, um ein Nickerchen zu machen. Danach stieg ich aus und entdeckte hinter einem kleinen Wäldchen die Altmühl. Ein schmaler Steg führte ins Wasser. Schade, dachte ich, ich habe keinen Badeanzug dabei. Sollte ich mit meinem schönen Leinenkleid ins Wasser? Wenigstens ein bisschen mit den Füßen planschen? Nein, mein Drehbuch hatte sich geändert. Welchen Film will ich sehen? Ich zog mich splitterfasernackt aus und genoss das erfrischende Bad in der Altmühl. Auch wenn man das nicht macht, auch wenn ich keine Bikinifigur hatte und habe, nun, ich trug ja auch keinen. Einfach so, und es war eine Erlösung. Ein Wendepunkt in meinem Leben.

Hin und wieder sagt mir jemand, dass es nicht möglich sei, einen schönen Film zu drehen, weil doch das ganze Leben ein Drama sei. Von einem Elend ins nächste. Ja, so etwas gibt es, doch selbst dazwischen kann man etwas Schönes finden, davon bin ich überzeugt. Und sich dann darauf konzentrieren. Mir hat die Natur Kraft gegeben. Einmal gelangte ich bei einem langen Spaziergang zu einer Müllkippe im Wald. Fassungslos stand ich inmitten praller Müllsäcke, verbeulter Benzinkanister; eine verrostete Waschmaschine und eine Kloschüssel lagen auch herum. Doch hoch oben auf einer Buche sang eine Amsel. Ich summte ihr Lied mit und sah auf einmal etwas Gelbes. Es war Februar, der Boden war matschig, besonders an diesem

Müllplatz, auf den schwer beladene Autos gefahren waren. Aber dort, im Müll und Matsch, spross ein gelbes Blümchen. Es kam mir so vor, als wäre es ganz schnell für mich aus der Erde geschossen. Ich fragte das Blümchen, ob ich es mitnehmen dürfe.

»Ja, freilich.«

Zu Hause legte ich es in mein Tagebuch, auch das wurde zu einer Seite meines Drehbuchs.

Das Schöne ist da. Überall. Auch im Scheußlichen. Es liegt an uns, ob wir es sehen wollen.

Heute ist mir sehr bewusst, dass ich jeden Tag, in jeder Stunde und Minute meinen Lebensfilm gestalte. Ich bin nicht immer zufrieden mit dem Resultat, doch immer öfter. Und ich bin ziemlich neugierig auf den ganzen Film. Ich laufe nicht mehr weg, was ja ohnehin nicht klappt. Einmal habe ich es versucht, beim Tod meiner Mutter … aber die Flucht hat mich eingeholt. So ist es immer, wenn man dem Tod ausweichen möchte. Er schwebt wie ein Schatten über dem Leben und verdunkelt die Sonne.

Mutterseelenallein

Bei meiner Konfirmation fiel mir zum ersten Mal auf, dass sich meine Mutter verändert hatte. Sie nahm den Kuchen nach der Hälfte der Backzeit aus dem Ofen. Es war deutlich zu sehen, dass er noch nicht fertig war, doch meine Mutter sah es nicht. Auch vieles andere bemerkte sie nicht mehr. Sie wurde vergesslich, und manchmal war sie albern, als wäre sie in der Pubertät, nicht ich. Waren das verfrühte Wechseljahre? Ich war dreizehn und telefonierte mit einer

Freundin, da kam meine Mutter ins Zimmer. Sie trug einen blauen Bademantel, und ihr Gesicht sah seltsam aus. Ihr Kopf wackelte ganz komisch, als würde sie ständig nicken. Das war doch nicht meine Mama, diese fremde Frau, die plötzlich die Augen verdrehte, stürzte und sich zuckend auf dem Boden wälzte, Schaum vorm Mund! Ab diesem Augenblick verlor ich meine Mutter Stück für Stück. Zwar kehrte sie zurück von ihrem epileptischen Anfall, doch sie war nie wieder die alte, die vertraute, die warme, liebe Mama. Zwei Jahre und viele Krämpfe später war sie tot. Ihre Anfälle machten mir Angst. Ich konnte es nicht aushalten, sie so zuckend und hilflos zu sehen. Ich rannte weg, holte zwar Hilfe, doch ich selbst kehrte erst zurück, als ich sicher sein konnte, dass der Anfall vorüber war, dann, wenn meine echte Mama wieder ein bisschen da war. Es gelang mir tatsächlich, nie wieder einen schlimmen Anfall mitzuerleben, kurioserweise auch später als Krankenschwester. Man weiß ja nicht, was einen erwartet, wenn ein Patient klingelt, zum Beispiel, weil der Patient im Nebenbett einen epileptischen Anfall hat. Es traf immer meine Kolleginnen. Einmal hat eine Freundin zu mir gesagt, vielleicht beschützt dich deine Mutter aus der Anderswelt vor einem solchen Anblick.

Meine Mutter starb in dem Krankenhaus, in dem ich später meine Ausbildung begann. Doch dort lag sie erst zum Schluss. Lange dauerte ihr Martyrium, und das Wesen, in das sie sich verwandelte, hatte keine Ähnlichkeit mehr mit meiner Mama. Es war ein abgemagertes, verwirrtes, sabberndes, lallendes, bedauernswertes Geschöpf, das nicht mehr gehen, stehen, kaum sitzen konnte. So hatte sich mein Vater, ein ehrenwerter Bankdirektor, seine Ehe nicht vorgestellt. Er blendete das Elend aus. Und das machte ich dann auch, als sie für ihre letzte Runde ins psychiatrische Krankenhaus eingewiesen wurde, wo ich sie nur selten besuchte. Ich ekelte mich vor ihr, ich ertrug sie nicht. Meine eigene Mutter!

In der Folge ekelte ich mich vor mir selbst, vor meinem Verhalten. Das wusste ich aber viele Jahre lang gar nicht. Doch ich verzieh es mir nicht, dass ich sie in der Stunde ihres Todes allein gelassen hatte. Ein kleiner Trost: Eine ihrer Freundinnen war bei ihr. Aber ich fehlte. Ihre Tochter, die sie so sehr liebte. Meine Mama und ich ... das waren zwölf Jahre pures Glück. Und dann ließen wir uns gegenseitig im Stich. Das konnte ich mir nicht verzeihen. Das wurde zu einer Triebfeder für mein weiteres Leben.

Doch zunächst einmal geschah etwas Seltsames. Die Küchenuhr blieb stehen, um drei viertel drei in der Nacht. Es war die Todesminute meiner Mutter, was ich aber erst am nächsten Tag erfuhr. Ich lag im Bett in meinem Zimmer, meine Mutter war gestorben, was ich noch nicht wusste, da erschien plötzlich in meinem Zimmer ein gleißend helles Licht. So etwas hatte ich noch nie gesehen, das war nichts Irdisches, das war überirdisch, es traf mich wie ein Blitz im Allerinnersten. Heute weiß ich, dass dieser Moment meine Geburt als spiritueller Mensch war. Ich spürte, dass meine Mama da war. Aber ich konnte es nicht verstehen. Wie sollte das gehen? Sie war doch im Krankenhaus. Oder war sie tot? Ich hatte Angst, schreckliche Angst, vielleicht Todesangst, und ich schluchzte und schlotterte und entschuldigte mich bei ihr, denn es gab keinen Zweifel: Sie war da, sie war das Licht. Mama, es tut mir so leid, ich konnte nicht anders, liebe Mama, bitte verzeih mir.

Mein Vater lag zwei Zimmer weiter im Ehebett und bekam nichts von alledem mit. Er hatte auch mich ausgeblendet, und das blieb so. Schon kurz nach der Beerdigung legte er sich die erste Freundin zu, weitere folgten. Ich war brav, führte den Haushalt und ging zur Schule, aber nicht mehr aufs Gymnasium: Ich wechselte auf die Realschule und von dort, als ich mich wieder einigermaßen gefangen hatte, zurück auf die Fachoberschule für Sozialwesen und machte mein Fachabitur.

Als ich achtzehn Jahre alt war, heiratete mein Vater eine Frau mit vier Kindern. Wir sahen uns nur noch selten, vielleicht wollte er nicht an meine Mutter erinnert werden. Kurz vor seinem Tod, nun lag er im Krankenhaus, habe ich mit meinem Vater über diese Zeit gesprochen. Dazwischen hatte ich länger keinen Kontakt zu ihm. Ich hatte diese Pause gebraucht, nachdem ich ihn bei der Beerdigung meiner über alles geliebten Oma, seiner Mutter, mit seiner neuen Frau und den vier Kindern gesehen hatte. Beim Leichenschmaus war ich die Einzige, die weinte. Dann drückte er mir einen Schuhkarton in die Hände, in den lieblos der Modeschmuck meiner Oma geworfen worden war. Die Goldstücke hatte sich seine neue Frau unter den Nagel gerissen, wie zuvor auch den wertvollen Schmuck meiner Mutter. Dieser Mann, mein Vater, war ein Fremder für mich geworden. Rückblickend verstand ich nicht, wie ich es so lange bei ihm ausgehalten hatte, wie ich ihm den Haushalt hatte führen können bis zu meinem achtzehnten Geburtstag. Ich war ein braves Mädchen gewesen, doch das änderte sich an diesem Tag. Ich kehrte ihm den Rücken und ging mit dem Schuhkarton in der Hand und meiner Oma im Herzen in mein eigenes Leben. Jahrzehnte später, am Sterbebett meines Vaters, trug ich ihm nichts mehr nach. Wir sprachen uns aus, wodurch er, wie man so schön sagt, loslassen konnte. Mich erleichterte es auch, dass wir in Frieden voneinander Abschied nahmen, wenngleich ich ihn in all den Jahren davor nicht vermisst hatte. Auch in meiner Kindheit glänzte er häufig durch Abwesenheit. Und nun war er leibhaftig fort, was keine Auswirkungen auf mein Leben hatte, während der Verlust meiner Mutter eine ewig schmerzende Wunde war und ist.

Das Märchen vom Tod

Die Begebenheit mit dem gleißenden Licht hatte mich so sehr erschüttert und aufgewühlt, dass ich wie besessen zu forschen begann, was es damit auf sich hatte. Ich suchte in jeder Richtung, ich suchte Kontakt zu meiner Mama, auch bei spiritistischen Sitzungen, worüber ich heute nur den Kopf schütteln kann. Ich habe Glück gehabt, unbeschadet aus manchen dunklen Energien herausgekommen zu sein. Mein Vater war empört, als ich ihm mitteilte, dass ich nach dem Abitur nicht studieren, sondern eine Ausbildung zur Krankenschwester machen wollte. Ich hatte zwar mit einem Studium der Psychologie geliebäugelt, doch nach einem Praktikum während der Schulzeit in einem Kindergarten und, noch entscheidender, in der Psychiatrie hatte ich gemerkt, dass ich eine Praktikerin bin. Zudem interessierte mich die Medizin. Ich kam nicht auf die Idee, dass ich als Krankenschwester mein Versagen beim Tod meiner Mutter wiedergutmachen wollte: durch den Dienst an anderen.

Während meiner Ausbildung wurden die Fragen immer mehr und drängender. Warum war das Leben so ungerecht, warum waren manche Menschen so böse? Wir hatten viele verzweifelte Patientinnen: vergewaltigte, misshandelte Ehefrauen, die dann von ihren Männern abgeholt wurden und alles begann von vorne. Eine meiner Patientinnen hatte während einer Wochenbettdepression ihr Kind erwürgt. Sie wurde von allen gemieden, obwohl wir doch wussten, dass bei uns auf der Station Menschen landeten, die nicht Frau und Herr ihrer Sinne waren. Auch das ließ mir keine Ruhe, und ich setzte mich ans Bett dieser Patientin, die unter ihrer Schuld litt wie ich unter meiner. Warum war das so, wer dachte sich diese Grausamkeiten aus, wie hing das alles zusammen und was war mit dem Paradies und der Hölle und all diesen Geschichten aus dem Religionsunterricht? Oder waren das vielleicht bloß Märchen?

Mit den Jahren fand ich tatsächlich Antworten – unter anderem in dem Buch *Das Märchen vom Tod.* Die Autorin Marie-Claire van der Bruggen, Sterbebegleiterin wie ich, erklärt mit einer sehr schönen Geschichte, was geschieht, wenn sich eine kleine Seele aufmacht, in das Leben auf Erden »reinzuschmecken«. Ein ungewohntes Dasein für die feinstoffliche Seele. Der Erdenkörper wird als sehr beengend empfunden. Auch die Geburt ist kein Zuckerschlecken. Dafür gibt es später sinnliche Erfahrungen, die ohne Körper nicht gemacht werden könnten. Die Aufgabe dieser Reise in die materielle und sinnlich erfahrbare Welt besteht darin, dass hier auf der Erde – vergleichbar mit einer Schule – Erfahrungen gesammelt werden. All das folgt einem göttlichen Plan – unserem eigenen Plan, denn jede kleine Seele hat sich die bevorstehenden Begegnungen, Ereignisse und Lerninhalte selbst ausgesucht.

In dem Moment, in dem wir uns entscheiden, geboren zu werden, beschließen wir, Kraft unseres Körpers Leid und Schmerz zu erfahren, um daran zu reifen und zu wachsen. Ohne Körper könnten wir diese Erfahrungen in dieser Qualität nicht machen; er ist unser Fahrzeug in dieser Existenz. Manchen Leuten steht ein komfortabler Wagen zur Verfügung, während andere mit einer häufig liegen bleibenden Schrottkiste unterwegs sind. Diese ist aber kein Schicksal im Sinne von Pech gehabt oder ungerechter Behandlung, sondern selbst gewählt, um Erfahrungen zu machen, die man nur mit einem solchen Untersatz machen kann. Wer mit einer luxuriösen Limousine unterwegs ist, wird anders behandelt als ein Mofafahrer. Wir selbst haben unser Fahrzeug in der geistigen Welt in der Vorbereitung dieser Inkarnation gewählt, nach anderen Kriterien als in der hiesigen Welt, wo man sich mit Pferdestärken anstatt Lichtgeschwindigkeit begnügt.

Was mich an dieser Deutung unserer Existenz überzeugt, ist die Eigenverantwortlichkeit. Wir schieben die Schuld nicht auf andere, die uns eine Schrottkiste oder Bruchbude angedreht haben. Insofern erübrigt sich die Frage, wie Gott dies oder jenes zulassen könne. Wir selbst lassen es zu, weil wir es vor unserer Geburt so bestimmt haben. Das wirft natürlich auch unsere Bewertungen durcheinander. Es kann sein, dass etwas, was uns als schlecht erscheint, aus einem anderen Blickwinkel etwas Gutes ist – und umgekehrt. Es ist ein bisschen wie beim Essen. Die Torte schmeckt lecker, sie tut uns gut, der Bauch wird schön warm, Liebe geht durch den Magen. Aus der Warte einer Medizinerin heraus kann die Torte eine Tortur sein.

Ich finde es sehr schwierig, mit meinem als Mensch naturgemäß begrenzten Geist über die Gesetzmäßigkeiten der geistigen Welt zu sprechen oder mich auch nur heranzutasten. Doch ich habe so einige Erfahrungen machen dürfen, die mir sehr klar gezeigt haben, dass es diese höheren Absichten gibt. Ich empfinde vieles, was mir widerfährt, als geführt.

Vielleicht ist Ihnen eine solche oder ähnliche Sichtweise bereits vertraut. So ungewöhnlich ist sie nicht. Immer mehr

Menschen sind davon überzeugt, dass zwischen Himmel und Erde mehr existiert, als wir landläufig glauben. Es ist jedenfalls ein völlig anderes Lebensgefühl, wenn man sich nicht mehr als Opfer der Umstände fühlt und stattdessen annimmt, dass das alles einen höheren Zweck hat … Lernen, Wachsen, Reifen. Auf der Palliativstation im Regensburger Krankenhaus hängt ein Plakat mit der Aufforderung: »Frage nicht nach dem Warum, sondern frage: Was soll ich daraus lernen?«

Es ist nun mal so, dass wir am meisten durch Leid lernen. Die tiefsten Erfahrungen machen wir nicht, wenn wir bei einem Rieseneisbecher mit Sahne sitzen, sondern wenn wir hungrig sind.

Das bedeutet, dass wir auch unsere Eltern aus der Schuld entlassen können. Nicht wenige Menschen machen die eigenen Eltern für ihr Unglück verantwortlich. Wenn man den Gedanken zulässt, dass man sich seine Eltern ausgesucht hat, um bestimmte Erfahrungen zu sammeln, sieht alles anders aus. Auch das Land, in dem wir zur Welt gekommen sind und mit dem wir manchmal hadern, besonders, wenn dort Hunger und Krieg herrschen. Doch das alles ist unsere hiesige Perspektive. Es könnte sein, dass es auch eine andere Perspektive gibt, aus der alles Sinn ergibt, zumal wenn wir als Menschen kein einmaliges Gastspiel geben, sondern auf Tournee sind.

Wenn wir das Gedankenspiel zulassen, dass wir immer wieder geboren werden, können wir uns vielleicht auch vorstellen, dass es interessant sein könnte, verschiedene Erfahrungen zu machen. So ähnlich, wie wir wechselnde Träume haben. Wir legen uns nachts zu Bett und reisen in eine andere Welt. Nicht umsonst wird der Schlaf »Bruder des Todes« genannt. Jeder Traum könnte ein Leben sein … und Abwechslung macht die Nächte bunt.

Solange wir unser Leben für unser einziges halten, haben Schicksalsschläge eine dramatische Bedeutung, die uns in tiefe Verzweiflung stürzen kann. Wir haben aber nicht nur eine Chance, sondern viele. Doch dies ist kein Buch über die Anderswelt, auch wenn ich dazu viel erzählen könnte. Für die lichten Zusammenhänge in der anderen Welt sind wir in der Regel blind. Man brauchte so etwas wie ein spezielles Nachtsichtgerät, ein Seelensichtgerät, um all das, was unsichtbar um uns schwebt, dingfest zu machen. Aber das würde gegen die Spielregeln verstoßen. Denn das göttliche Grundgesetz für einen Erdenbürger besagt, dass er mit der Geburt seine Herkunft vergisst, zumindest größtenteils. Außerdem vergessen wir mit Eintritt in das Erdenleben, dass wir mit allem und allen verbunden sind. In allerhöchster Wahrheit sind wir ja gar nicht allein. Zum einen, weil unser höheres Selbst in den geistigen Welten weiterhin vorhanden ist. Lediglich ein Teil von uns inkarniert. Zum anderen, weil jede*r von uns in der liebevollen Obhut eines Schutzwesens steht. Von Anfang bis Ende. Und ganz am Ende, wenn es ans Sterben geht, hat das Schutzwesen ein besonders behütendes Auge auf uns.

Unsere Begleiter von Anfang bis Ende: Schutzwesen

In Bayern ist es gang und gäbe, dass Menschen von ihren Schutzengeln sprechen. »Da hab ich einen guten Schutzengel gehabt«, heißt es, wenn fast etwas passiert wäre. Zum Glück nur fast. Es ist noch mal gut ausgegangen, und das verdankt man seinem Schutzengel. Oder mehreren. Auch der Ausspruch »Da hab ich gleich zwei Schutzengel gehabt« ist weit verbreitet. Auf religiösen Bildern wird der Schutzengel hell und rein und mit Flügeln dargestellt. Ein Schutzwesen kann aber auch ein Zwerg, eine weise Frau, ein Krieger oder eben ein Tier sein. Kinder können ihre Schutzwesen gelegentlich sehen, gerade wenn sie noch jung sind. »Mama, schau mal, da ist was im Schrank«, sagen sie. Oder unterm Bett.

»Ich lass das Licht brennen, dann musst du keine Angst haben«, sagt die eine Mutter, oder: »Quatsch, da ist doch niemand«, die andere, ahnungslos, dass ihr Kind nicht fantasiert, sondern sein Schutzwesen wahrgenommen hat. Vor dem man im Übrigen keine Angst zu haben braucht. Aber sie können natürlich Angst machen, diese Wesen, vor allem, wenn Eltern, denen sie verborgen bleiben, insistieren, dass da nichts wäre. Das verunsichert das Kind. Vielleicht ist es besser, nicht sich selbst, sondern den Großen zu glauben? Oft folgen viele Jahre der Orientierungslosigkeit, des Suchens, bis sie wieder bei sich selbst ankommen, nicht selten mithilfe und in Begleitung ihres Schutzwesens. Dass Erwachsene diese Wesen meistens nicht mehr wahrnehmen können, ist in der Regel sinnvoll. Denn solche Erinnerungen wären ein Schock, und es bestünde die Gefahr, dass sie Gefühle wecken, die wir eigentlich hinter uns gelassen haben. Die Basis unseres heutigen Daseins ist die Summe aller Erfahrungen und allen Wissens, das wir in unseren vorhergehenden Leben gesammelt haben. Außerdem: Das Leben im Hier und Heute stellt uns vor genügend Herausforderungen, warum noch herumkramen, was früher war? Es ist ein großer Segen, dass die Erinnerungen mit jeder neuen Geburt gelöscht werden. Aber allein sind wir nie. Unser Schutzwesen als Bote aus der Anderswelt ist bei uns. Immer.

In Krisenzeiten, in der Not, wann immer wir besonderen Trost benötigen, ist es Balsam für die Seele, wenn wir uns an unsere Schutzwesen erinnern. Kennen Sie es, ihn oder sie? Möchten Sie Ihrem Schutzwesen begegnen? Eine Möglichkeit ist die folgende Meditation. Wenn Sie den QR-Code einlesen und das Passwort »Schutzwesen« eingeben, werden Sie zu einer Schutzwesen-Meditation geführt, bei der Sie mit allerhöchster Wahrscheinlichkeit Ihr Schutzwesen kennenlernen.

In meinen Seminaren ist noch niemand ohne Begleitung aus der geistigen Welt geblieben.

Wenn Sie mit der Methode vertraut sind, können Sie jederzeit Kontakt mit Ihrem Schutzwesen aufnehmen. Wann immer ich mich in einer schwierigen Situation befinde, wenn ich nicht weiß, wie ich mich entscheiden soll, wenn ich Klarheit benötige, wende ich mich an mein Schutzwesen. Es ist mit meinem Lebensplan vertraut, es weiß, welche Erfahrungen ich in diesem Leben machen möchte, weil ich sie vor meiner Inkarnation so beschlossen habe. Unser Schutzwesen kennt unser selbst gesetztes Ziel und auch unsere Fähigkeiten. Dennoch haben wir unseren freien Willen, und diesen wird das Schutzwesen niemals übergehen. Doch es kann uns Hinweise geben. Wir nennen das Intuition. Ein komisches Gefühl im Bauch, ein »Geistesblitz«, wie wir uns entscheiden sollen; manchmal hören wir eine »innere Stimme«. Ist sie echt oder bilden wir sie uns ein? Ich glaube, dass das jeder von uns unterscheiden kann. Der spirituelle Beistand unseres Schutzwesens hat eine andere Qualität als eine »Schnapsidee«.

Gerade beim Sterben stehen wir in der Obhut unseres Schutzwesens. So zeigen es auch unzählige Bilder, auf denen Engel ihre Flügel ausbreiten und Sterbende »heimbegleiten«. Unser Schutzwesen unterstützt uns auch dabei, wenn wir am Bett eines kranken oder sterbenden Menschen sitzen. Oder eines gerade vom Leben sehr gebeutelten Freundes. Wenn wir uns dafür öffnen, können wir diese Botschaften wahrnehmen.

Deshalb bitte ich vor jeder Sterbeberatung oder -begleitung, vor jedem Seminar, jeder Trauerbegleitung und -rede um Beistand. Dadurch vergegenwärtige ich mir auch, dass ich nur ein Werkzeug der geistigen Welt bin. Dein Wille geschehe.

Meine erste Erfahrung mit dieser unglaublichen Kraft, ja, ich möchte sie Macht nennen, hatte ich als junge Frau. Ich war noch in der Ausbildung und fragte mich, woher all diese Worte kamen. Das war nicht ich, ich diente lediglich als Sprachrohr. Saß am Bett von Patienten und sagte staunend Dinge, über die ich vorher nie nachgedacht hatte. Außerdem war ich in solchen Situationen selbstbewusster als normalerweise. Durch meinen einschüchternden Vater mangelte es mir nämlich an Selbstbewusstsein und Durchsetzungsvermögen. Ich wollte es am liebsten allen recht machen. Doch wenn diese Kraft über mich kam, übernahm ich bei Angehörigen an einem Sterbebett, die in der Regel viel älter als ich waren, die Regie. Ich sagte Sätze wie: »Es ist nun Zeit für Sie, voneinander Abschied zu nehmen.«

So etwas hätte ich allein nicht geschafft, deshalb bin ich sicher, dass ich damals schon geführt wurde. Aber ich wusste es nicht und war nach solchen Vorkommnissen immer total verwirrt. Viele Jahre später machte ich auch eine Ausbildung zur Schamanin und kam in bewussten Kontakt mit Kräften, die vorher zwar präsent waren, aber eben unbewusst durch mich wirkten. Ein Erlebnis, das mich sehr durcheinanderbrachte, geschah am Ende meiner Lehrzeit. Eine junge Frau riss die Tür zum Stationszimmer auf und schrie mit vor Entsetzen weit aufgerissenen Augen: »Meine Mama stirbt!« Meine Kolleginnen schauten mich auffordernd an. Ich rannte los.

Als ich das Zimmer der Patientin betrat, spürte ich ihre Angst. Pure Panik. Ihr Blick klebte förmlich an der Zimmerdecke, sie atmete heftig, als würde sie gegen etwas ankämpfen. Welche Dämonen sah sie? Ich selbst sah plötzlich alles unscharf, verschwommen. Die Tochter versuchte die Mutter zu beruhigen, redete auf sie ein. Die Mutter hörte sie nicht, verstrickt in ihren Kampf mit etwas Schrecklichem. Ruhig trat ich an das Bett, und ich weiß nicht, wie, aber es gelang mir, Kontakt zu der Patientin herzustellen. Oder war es mein Schutzwesen, das mit ihrem Schutzwesen Kontakt aufnahm? Es ist schwierig, für solche Momente die richtigen Worte zu finden. Doch ich weiß, dass etwas in dieser Patientin plötzlich ganz offen und aufnahmebereit war. Meine Worte, die nicht meine waren, sondern die in mich gelegt wurden, erstaunten mich selbst. »Du kannst nicht tiefer fallen als in Gottes Hände«, sagte ich, während mein ganzer Körper zu kribbeln begann. Hitze durchströmte mich. Ich wiederholte den Satz, der Wirkung zeigte, die Patientin wurde ruhiger und ruhiger und entspannte sich schließlich. Ich hatte alles um mich herum vergessen. Auch die Tochter, und auch den Sohn, den ich erst später bleich in einer Zimmerecke sehen sollte. Ich berührte die Patientin sanft, dann nahm ich sie in den

Arm. Auf einmal spürte ich einen Ruck. Es mag seltsam klingen, doch ich wusste, dass in diesem Moment die Seele den Körper verlassen hatte. Und dann war die Frau tot.

»Sie haben magische Hände«, flüsterte es aus der Zimmerecke. Die Tochter nickte, auch sie nun ganz ohne Angst, friedlich.

Als meine Kollegin hereinkam, verließ ich das Zimmer, sperrte mich in der Toilette ein und heulte eine halbe Stunde. Irgendetwas Großes war geschehen, viel größer als ich und vor allem viel zu groß für mich. Ich wusste nicht, was es war, alles verschwamm vor mir. Es kam mir vor, als sei mein Innerstes durchgerüttelt worden. Es gab niemanden, mit dem ich darüber sprechen konnte. Tagelang war ich verwirrt von diesen Empfindungen und Eindrücken, bis ich mich einer älteren Nachtschwester anvertraute, die nur hin und wieder bei uns aushalf. »Mädchen«, sagte sie und nahm mich in die Arme. »Diese Gefühle sind ganz normal, wenn du Kontakt nach oben hast.«

»Wie, nach oben?«, fragte ich.

Sie zuckte mit den Schultern. »Manche Schwestern haben diese Gabe. Du kannst Ja dazu sagen oder nicht. Wenn du sie annimmst, kannst du viel Gutes tun.«

»Was ist das, oben?«, fragte ich.

»Ich nenn es Himmelreich. Nenn du es, wie du willst. Wörter sind nur Haschen nach Wind.«

Zwischen Blaukraut und Kirchhofrosen

Den ersten sterbenden Menschen sah ich im Sterbezimmer meiner Mutter während meiner Ausbildung zur Krankenschwester in der psychiatrisch-neurologischen Abteilung im Bezirkskrankenhaus Ansbach. In dieses Zimmer war ich zu Beginn meiner Ausbildung stets mit einem komischen Gefühl gegangen, obwohl meine Mutter schon einige Jahre tot war. Mit der Zeit hatte sich das Gefühl verflüchtigt. Das Zimmer war ein Patientenzimmer wie die anderen. Bis zu diesem Vormittag. Ich hatte gerade eine Infusion bei der Patientin gewechselt, und sie erzählte mir, aufrecht im Bett sitzend, von ihrem Enkel. Auf einmal, mitten im Satz, brach sie ab, riss die Augen auf, als würden sie ihr gleich rausfallen, und in Sekundenschnelle verfärbte sich ihr Gesicht lila. Ich war wie gelähmt. Zum Glück stand ein Krankenpfleger an meiner Seite, der mir eigentlich etwas erklären wollte. Er schickte mich die Stationsärztin holen. Als ich wiederkam, war die Patientin verstorben.

»Da kann man nichts mehr machen«, meinte der erfahrene Pfleger schulterzuckend. Reanimation war auf dieser Station nicht üblich, ich glaube, wir hatten seinerzeit nicht mal eine Beatmungsmaschine auf der Psychiatrie. Was ich aber noch ganz genau weiß, ist, dass es an diesem Mittag Blaukraut in der Kantine gab und dass ich keinen Bissen hinunterbekam, weil das Blaukraut genauso violett war wie das Gesicht der eben verstorbenen Patientin. Es dauerte noch eine ganze Weile, bis ich wieder Blaukraut essen konnte. Mittlerweile hat sich das wieder gelegt.

Auch wenn mich dieser erste Tod damals sehr beschäftigte, so hinterließ er doch keine Narben. Für mich als Krankenschwester gehörte der Tod zum Beruf, wenngleich ich auf der Psychiatrie nicht allzu viele Tote sah. Das änderte sich, als ich nach München zog. Im Schwabinger Krankenhaus auf der Infektionsabteilung und auf der Hämatologischen Abteilung begegnete mir der Tod sehr oft, und mehr noch, ich wurde zu einer Spezialistin für Sterbende. Das war mir nicht unangenehm, im Gegenteil. Ich saß sehr gern am Bett von sterbenden Patienten und hatte auch keine Scheu, mit den Angehörigen zu sprechen. Diese Scheu ist weit verbreitet, auch und besonders unter Ärzt*innen, die ja angetreten sind, ihrem Feind Tod seine Opfer zu entreißen. Womit sie es manchmal, das ist meine Meinung, übertreiben. Ich finde es nicht richtig, einen Neunzigjährigen wiederzubeleben, der dann mit an Sicherheit grenzender Wahrscheinlichkeit zum Pflegefall wird, wenn er es nicht schon vorher war. Ich finde es nicht richtig, Menschen in ihren letzten Wochen und Tagen mit Therapien zu quälen, die nicht das Leben verlängern, sondern das Leiden. Wir sollten nicht primär nach Lebensverlängerung fragen, sondern nach Lebensqualität, so, wie es auch der Herzchirurg Ehsan Natour in seinem bewegenden und berührenden Buch *Wenn das Leben stillsteht* beschreibt. Nicht selten kommt es auf Intensivstationen zu überflüssigen Maßnahmen, die Patient*innen nicht nur unnötig belasten, sondern ihnen auch schaden können.

So zeigte sich in einer Studie an einer deutschen Uniklinik, dass jede*r zehnte Krebspatient*in auf einer Intensivstation in der letzten Lebenswoche reanimiert wurde. Ist das ein Zugewinn an Lebensqualität oder nicht eher eine Verlängerung des Leidens? Das Gleiche findet man bei schwer dementen Patient*innen, die auf Intensivstationen aufgenommen und künstlich beatmet werden, ohne dass es einen positiven Effekt für sie hätte. So werden lediglich ihre Körperfunktionen aufrechterhalten. Leben, wie wir es uns vorstellen, ist das nicht.

Ich wünsche mir sehr, dass wir die Frage nach der Lebensqualität in den Vordergrund rücken, nicht die nach der Machbarkeit.

Machbarkeit ist oft eine Qual, das habe ich besonders am Ende meiner fünfunddreißigjährigen Tätigkeit als Krankenschwester erlebt, als immer mehr machbar wurde, was alles umfassend dokumentiert werden musste. So blieb immer weniger Zeit für die Patient*innen, auch für die Sterbenden.

Die sichtbaren Boten des Todes

In der Regel und bei älteren, sozusagen todgeweihten Patient*innen gibt es klare Anzeichen für die Annäherung des Todes. Der Tod schickt Zeichen, und wenn man länger im Krankenhaus arbeitet, kann man sie lesen. Ich glaube, dass diese Zeichen früher, als das Sterben noch zum Leben gehören durfte, auch von nicht in Heilberufen Arbeitenden erkannt wurden. Und ich glaube, dass die Sterbenden sie selbst sehr genau erkennen. Die Seele weiß, wann es Zeit ist, weit ihre Flügel auszuspannen und nach Hause zu fliegen, wie es in dem Gedicht *Mondnacht* von Joseph von Eichendorff so wunderschön heißt. Und was die Seele weiß, drückt sie durch ihre Fenster aus: durch die Augen.

Der Blick verändert sich. Man könnte fast meinen, der oder die Sterbende schaue durch einen hindurch. Die Menschen nehmen keinen Augenkontakt mehr auf, blicken häufig an die Decke, als würden sie dort oben etwas sehen, manchmal etwas regelrecht Faszinierendes. Und wenn man fragt: »Was ist denn da oben?«, hört man hin und wieder: »Ein Engel.« Oder: »Die Margot!« So erging es mir einmal, als ich Zeugin eines langen Disputs zwischen einem Sterbenden und Margot, seiner bereits verstorbenen Gattin, wurde. Margot wollte ihn holen, er aber wollte nicht mit. Er war Anwalt und führte tatsächlich Paragrafen an, die Margot beweisen sollten, warum er im Recht wäre. Doch letztlich plädierte er gegen die Verfassung und erreichte dennoch einen Freispruch, wenn auch anders als erhofft.

An vielen Betten hatte ich den Eindruck, dass die Sterbenden nicht allein sind. Manchmal erzählten sie mir auch, wer sich alles versammelt hatte. Einmal war es mehr als ein Dutzend, wie ein hochbetagter Mann mir, selbst staunend über diese Delegation, erzählte: »Meine Eltern sind da und die Großeltern, alle vier, und ich sehe meinen Nachbarn, der ist bei einem Motorradunfall verunglückt, und meine drei Kameraden aus dem Schützengraben, die es nicht geschafft haben so wie ich.«

Oft kennen die Sterbenden ihre Begleiter in die Anderswelt jedoch nicht. »Da ist etwas«, sagen sie dann, und an ihren Augen sehe ich, dass sie es ganz deutlich erkennen. »Es ist schön«, höre ich. »Es leuchtet.«

Wenn Menschen sterben wollen, aber nicht können, was gerade in Altenheimen nicht selten vorkommt, kann man sie anregen, einmal darüber nachzusinnen, wer sie empfangen wird, wenn sie den Übergang vollzogen haben. Es gibt viele Menschen, die mit Religion »nichts am Hut« haben, die also von sich aus gar nicht auf so eine Idee kommen würden. Ich habe die Erfahrung gemacht, dass dieser kleine Wink zu großer Entspannung führen kann, und tatsächlich öfter gehört, dass Verstorbene vor dem geistigen Auge auftauchten und das Gefühl der Orientierungslosigkeit, der Verlorenheit einer fast freudigen Erwartung Platz machte. Für das himmlische Empfangskomitee muss man in keine Kirche eintreten, niemand an der Pforte kontrolliert die Mitgliedschaft, da bin ich mir todsicher. Diese »Erscheinungen« machen manchen Angehörigen Angst, und sie versuchen, sie den sterbenden Menschen auszureden: »Da ist niemand, red keinen Schmarrn!« Bitte tun Sie das nicht! Es könnte sein, dass nicht Sie recht haben mit Ihrer Wahrnehmung, und eines Tages werden Sie das verstehen. Haustiere übrigens scheinen mehr wahrzunehmen als wir Menschen: Im Angesicht des Todes verändert sich ihr Verhalten, das berichten Angehörige immer wieder.

Zu den besonderen Wahrnehmungen Sterbender gehört auch die Optik. Sterbende nehmen helle oder trübe Lichter wahr, wo die Angehörigen einfach nur gleichbleibende Beleuchtung erkennen. Auch von warmen, lockenden Lichterscheinungen ist die Rede, die als Boten empfunden werden, um einen abzuholen. Dass es keine Alternative gibt, sieht man den sterbenden Menschen auch an der Nase an. Die wird nämlich vor dem Tod spitz und weiß; auch das gehört zu den Sterbezeichen.

Wie das *Sterbefieber*. Sterbende schwitzen, haben dabei aber kalte Hände und Füße und blaue Lippen. Man nennt diese Hitze Sterbefieber. Deshalb sollte man die Decke, die ohnehin oft als zu schwer empfunden wird, quer über das Bettgeländer legen oder nur ein Laken verwenden. Jetzt geht es ums Leichtwerden und … ums Losfliegen …

Die Motorik des Todes: Manche Sterbende ahmen Bewegungsabläufe nach, die ihnen in Fleisch und Blut übergegangen sind. Sie spielen Klavier, nähen, tippen, drehen an einem Gasgriff wie beim Motorrad oder rauchen eine imaginäre Zigarette. Vermutlich sind das Metaphern für das Erarbeiten des Sterbevorgangs.

Wenn man die Bettdecke eines sterbenden Menschen aufdeckt, sieht man oft auch sogenannte *Kirchhofrosen.* Das sind lila Flecken an den Beinen. Die Kirchhofrosen bilden sich überall dort am Körper, wo er aufliegt, sie zeigen fehlende Durchblutung an. Nach dem Tod verwandeln sich die Kirchhofrosen in Leichenflecken. Von den sicheren Todeszeichen treten die Leichenflecken zuerst auf. Nach Aussetzen der Herzfunktion sinkt das Blut, der Schwerkraft folgend, an die tiefsten Stellen im Körper. Wenn der Leichnam auf dem Rücken liegt, sinkt es also zum Rücken und auf die Rückseite der Beine ab. Nur die Aufliegeflächen bleiben frei, da das Blut dort nicht in die Kapillaren einfließen kann.

Leichenflecken erscheinen zwischen zwanzig und dreißig Minuten nach dem eingetretenen Tod hellrot und wandeln sich im Laufe von acht Stunden in ein Dunkelblau-Violett. In den ersten Stunden lassen sie sich noch gut wegdrücken – es genügt ein leichtes Berühren –, was zu einem späteren Zeitpunkt keine Auswirkungen mehr zeigt. Leichenflecken sind ein wichtiger Anhaltspunkt für die Rechtsmediziner, weil sie daraus ableiten können, ob ein Leichnam in den ersten Stunden nach seinem Tod bewegt, umgedreht oder transportiert wurde, was logischerweise der Fall ist, wenn sich die Leichenflecken auf der Vorder- *und* Rückseite des Toten befinden. Aber das sehen die meisten Angehörigen gar nicht, weil sie dann schon fort sind.

Unmittelbar nach dem letzten Herzschlag und Atemzug beginnt die *Verwesung*, und nach einer Weile riecht man das auch. Aber man riecht auch den nahenden Tod, behaupte ich. Ich habe sehr oft allein aufgrund des Geruchs in einem Patientenzimmer gewusst, dass sich ein Leben dem Ende zuneigt. Kirchhofrosen beginnen zu blühen.

Den *Geruch des Todes* zu beschreiben fällt mir schwer. Verwesung kommt mir in den Sinn und die tagelange Suche nach einer toten Maus, die unsere Katze hereingebracht hatte. Gerüchen können wir nicht ausweichen. Auf penetrante Gerüche reagieren wir mit Ekel, dagegen können wir uns nicht wehren, selbst wenn wir uns vornehmen würden, so zu tun, als würde etwas nicht stinken. Wenn wir Ekelgeruch wahrnehmen, wollen wir weg, das ist genetisch so verankert, denn Ekelgerüche warnen uns vor Gefahren. Wir meiden sie instinktiv, um unsere Gesundheit zu schützen. Es kann für einen Sterbenden sehr belastend sein, zu merken, dass er nicht gut riecht und andere sich vor ihm ekeln. Da helfen auch Räucherstäbchen nichts. Ich habe gute Erfahrungen damit gemacht, mir ein wenig Eukalyptus- oder Pfefferminzöl unter die Nase zu tupfen. Das machen auch Ermittler in Krimis, wie man es im Fernsehen gelegentlich sieht. Kaffee ist ebenfalls ein großartiger Geruchsschlucker. Eine Schale Kaffeepulver, im Patientenzimmer aufgestellt, neutralisiert Gerüche. Auch mit Aromatherapie habe ich sehr gute Erfahrungen gemacht, und das ist allemal besser als eine Lavendel-Fichtennadel-Duftmischung aus dem Drogeriemarkt, die sich kombiniert mit dem Verwesungsgeruch zu einem wahren Geruchsalarm hochkocht.

Letzte Hilfe

Ein untrügliches Zeichen für das nahe Ende ist es, wenn ein Mensch nicht mehr essen möchte. Es bricht mir manchmal fast das Herz, wenn ich mitbekomme, dass Sterbenden Nahrung aufgezwungen wird. Essen bedeutet Verdauung, bedeutet Erde, bedeutet letztlich eine Verlängerung des Sterbens. Gerade eine künstliche Ernährung kann das Sterben sehr schwer machen. Und mit welchem Ziel? Zehn Tage länger … aber was für zehn Tage! Darüber sind sich Angehörige oft nicht im Klaren, die ihre lieben Sterbenden bitten: Iss doch ein bisschen. Sie wollen Gutes tun und verlängern doch nur das Leiden. In vielen Fällen ist es ihnen nicht bewusst, dass sie das für sich selbst tun: weil sie Angst davor haben, was sein wird, wenn der oder die liebe Angehörige fort ist. Wenn wir uns solchen Regungen stellen und sie ansprechen, entlasten wir uns selbst und die Sterbenden, die dann vielleicht den Mut finden zu sagen, was sie möchten. Denn natürlich ist es eine Qual für einen sterbenden Menschen, wenn er sieht, wie viel Kummer er seinen Angehörigen macht. Also isst er ein paar Löffelchen. Auch wenn ihm grottenschlecht ist. Ist ja sein Lieblingsgericht. Hat sie extra gekocht für ihn. Sind ihre Tränen reingetropft. Weil sie so Angst davor hat, dass sie es zum letzten Mal für ihn gekocht haben wird.

Darüber reden heißt vielleicht auch: »Das isst du in Zukunft ohne mich.«

»Das ess ich nie wieder.«

»Doch, bitte. Und denk an mich. Wie ich mich immer gefreut habe, wenn du das gekocht hast.«

Solche Gespräche bauen Brücken vom Diesseits ins Jenseits. Und wenn der Mensch gestorben ist – die Brücke bleibt.

Wichtig zu wissen ist auch, dass Sterbende kurz vor ihrem Tod manchmal Appetit bekommen. Nachdem sie vorher sehr wenig oder gar nichts gegessen haben, verlangt es sie nun plötzlich nach Speisen. Dieser Appetit macht den Angehörigen Hoffnung. Es geht aufwärts! Nein, es ist ein Zeichen des nahen Todes. Denn nach dieser »Henkersmahlzeit« verlieren die Sterbenden oft jedes Interesse an Nahrung.

Das Aufblühen kurz vor dem Tod bezieht sich übrigens nicht nur auf den Appetit. Oft bekommen die Wangen Farbe, die Augen leuchten, man denkt, er oder sie ist dem Tod noch mal von der Schippe gesprungen. Nein, er oder sie holt nur Anlauf für den letzten großen Sprung. Diese Phase nennen wir Sterbeammen Reisefieber. Sogar demente Patienten sind plötzlich orientiert, sprechen klar, erkennen ihre Angehörigen, die sie vorher vielleicht nicht mehr zuordnen konnten. Sie haben die Tochter mit dem Namen der Ehefrau angesprochen oder gute Freunde gesiezt. Und jetzt ist alles wieder da.

Mir kommt diese kurze Phase vor wie die Zeit vor einem Urlaub. Man freut sich, ist aber auch aufgeregt, packt seine Koffer, ist ganz wach, weil man an alles denken und nichts vergessen will. In einem alten Volkslied heißt es: »Mich brennt's in meinen Reiseschuh'n.« Oder es ist wie Lampenfieber, davon könnte ich ein Lied singen. Die Angehörigen verstehen das häufig falsch und schmieden Pläne für die Zukunft. Doch diese wird vermutlich sehr kurz sein. Ich rate meinen »Schützlingen«, dass sie dieses Reisefieber nutzen sollen, denn es sind oft die letzten Momente der Klarheit, ein großes Geschenk, bevor das Boarding beginnt, und dann rollt das Flugzeug auf die Startbahn … und hebt ab.

Ein sterbender Körper, der zum Essen genötigt wird, hat es schwer, leicht zu werden und wegzufliegen. Auch Bluttransfusionen in den letzten Tagen verzögern die Reise. Will man das? Wirklich? Um welchen Preis? Fragen Sie bei allem nach der Lebensqualität. Und Lebensqualität bedeutet in dieser Phase: ein leichter Tod. Also keine Nahrung mehr. In der Klinik werden in einem solchen Fall in der Regel 500 Milliliter Flüssigkeit per Infusion zugeführt.

Wenn man dem Patienten zu viel Flüssigkeit zuführt, lagert sich diese in den Organen, der Lunge, unter der Haut ein, und das führt zu Beschwerden und Schmerzen. Eine gute Möglichkeit ist es, Flüssigkeit subkutan, also unter die Haut zu spritzen.

Auf die Flüssigkeit zu verzichten bedeutet eine enorme Entlastung für einen sterbenden Menschen, weil der Körper dann die eigene Flüssigkeit aus Ödemen aufbraucht. Man nennt dies Sterbefasten.

Das allmähliche Austrocknen muss nicht unangenehm für den sterbenden Menschen sein. Die Austrocknung bewirkt auch eine gewisse Schmerzstillung. Druckerscheinungen, auch der Hirndruck, nehmen ab. Bettpfanne und Urinal werden seltener gebraucht.

Ein Trockenheitsgefühl im Bereich der Schleimhäute kann als unangenehm empfunden werden. Hier ist es sinnvoll, jene Medikamente abzusetzen, die zu Mundtrockenheit führen, was bei sehr vielen Psychopharmaka der Fall ist. Mundtrockenheit ist oft ein großes Problem, das durch die Atmung mit offenem Mund verstärkt wird. Es kann zu regelrechten Borkenbildungen kommen, die als sehr unangenehm empfunden werden. Der Grund dafür liegt in der Ohrspeicheldrüse, die nicht mehr arbeitet. Mit palliativer Mundpflege kann hier Abhilfe geschaffen werden, wenn sie richtig durchgeführt wird. Die Borken herauszureißen ist zwar gut gemeint, doch eine Qual, genauso wie mit Zitronenstäbchen herumzufuhrwerken oder Butter auf die Zunge zu schmieren. Ich friere das Lieblingsgetränk der

Menschen in einem kleinen Joghurtbecher ein – und ja, das kann durchaus auch Rotwein, Saft, Bier sein. Ich habe sogar schon Piña colada eingefroren. In den Joghurtbecher stecke ich ein Holzstäbchen, wie man sie beim Coffee to go zum Umrühren bekommt. So fabriziere ich einen Lolly, mit dem ich vorsichtig den Mund des Sterbenden befeuchte. Man kann auch eingefrorene Salami oder Ananas oder Apfelschnitze in die Backentaschen legen. Aber es müssen große Stücke sein, sonst besteht die Gefahr des Verschluckens.

Jeder, der schon einmal heilgefastet hat, weiß, dass am dritten Tag kein Hungergefühl mehr zu spüren ist. Glückshormone überschwemmen die Fastenden. Wer keinen Hunger hat, kann nicht verhungern. Es soll nicht behauptet werden, dass sterbende Menschen mit Glückshormonen geflutet werden, allerdings ist festzuhalten, dass sie nicht hungern. Ähnlich ist es beim Durst. Das Gehirn registriert Durst, wenn der Mund trocken ist. Indem wir darauf achten, dass die Mundschleimhäute nicht austrocknen, entsteht auch kein Durstgefühl. Daraus folgt: Jemand, der keinen Durst hat, kann nicht verdursten. Das Durstempfinden ist unabhängig vom Flüssigkeitsstand im Körper.

Häufig brauchen Angehörige in dieser Phase sehr viel Unterstützung, damit es ihnen gelingt, ihr Nichthandeln als Fürsorge zu verstehen und zu erleben. Wenn in Trauergruppen zwei verschiedene Arten der Begleitung zur Sprache kommen, erlebe ich immer wieder das Bedauern derjenigen, die sich Vorwürfe machen, das Sterben nicht einfühlsamer begleitet, sondern mit vielerlei Maßnahmen »gestört« zu haben. »Woher hätte ich es denn wissen sollen«, diese Frage an sich selbst fällt oft. Für mich ist die Auseinandersetzung mit Tod, Sterben und auch Sterbebegleitung so etwas Ähnliches wie ein Erste-Hilfe-Kurs.

Das *Verhalten sterbender Menschen* kann deutlich von dem abweichen, was wir von ihnen kennen. Auch das kann Angehörige stark verunsichern. Nicht selten verlangen Sterbende, Menschen zu sehen, die ihnen gar nicht so nahestanden, während sie Nahestehende nicht sehen möchten. Gesellige Menschen möchten auf einmal am liebsten allein sein und umgekehrt. Alles ist möglich!

Sterbende, die sich früher gern massieren ließen, zucken plötzlich zurück, wenn man sie berührt, vor allem an den Füßen.

Wenn das Ende naht, klagen Sterbende in der Regel nicht mehr über Schmerzen.

Manchmal sagen sie erst kurz vor ihrem letzten Abschied, dass sie nun sterben.

Wie lange dauert der Sterbeprozess? Das ist unterschiedlich. Das Sterben dauert etwas länger als eine Geburt, zwischen zwei Tagen und zwei Wochen. Davor hat mancher Sterbende schon eine lange Reise in das Reich des Todes unternommen. Manche Menschen sterben jahre- oder monatelang, bauen immer mehr ab, und es ist schon lange erkennbar, wohin das führt. Andere waren letzte Woche noch vital und fallen dann regelrecht zusammen. Manche wehren sich, andere sehnen den Tod herbei. Er folgt unseren Wünschen nicht, aber ich glaube, dass wir ihn milde stimmen können. Dennoch bleibt der Tod ein »Überraschungsei«.

Ohne Zweifel ist Ruhe für den Sterbeprozess besser als Hektik und Unruhe. Auch aus diesem Grund ist das Sterben im Krankenhaus nicht ideal. Zu viel Unruhe rundherum, auch wenn man die Sterbenden in ein Einzelzimmer legt. Trotzdem geht oft die Tür auf, das Licht wird angeschaltet, Fieber gemessen, umgelagert – das alles ist Stress für den sterbenden Menschen. Das sollte man sich im Vorfeld klarmachen, denn wenn die letzten Tage angebrochen sind, ist ein sterbender Mensch nicht mehr transportfähig. Es wäre grausam, an ihm herumzuzerren. Ruhe ist das Gebot der Stunde, und die ist in einer häuslichen Umgebung natürlich viel besser zu gewährleisten als im Klinikbetrieb. Die meisten Menschen wünschen sich, zu Hause zu sterben, in ihrer vertrauten Umgebung. Dort können sie auch am leichtesten hinüberschlüpfen. Wir Sterbeammen sorgen dafür, dass auch die Angehörigen ihren lieben Menschen freigeben können. Ihnen sind die Boten des Todes fremd. Sie wissen nicht, was genau passiert, was im Sterbeprozess normal und was Grund zur Sorge ist. Sie fühlen sich überfordert und ja, auch verloren und manchmal sehr allein. Auch das kann angesprochen werden. Mit viel Ruhe und Umsicht finde ich in meinen Begleitungen heraus, was es jetzt braucht, damit Angehörige sich ihrer Ressourcen erinnern und wieder in ihre Kraft kommen. Und dann gehen wir den nächsten Schritt und dann den nächsten Schritt, und am Ende rundet sich der Kreis.

In der Klinik bleiben Verstorbene für circa vier Stunden in ihrem Bett im Zimmer. Dann kommt ein Arzt, eine Ärztin zur Leichenschau; die sicheren Todeszeichen, zu denen wie beschrieben die Leichenflecken gehören, werden dokumentiert. Am Ende wird der Totenschein ausgestellt. Es ist nicht zwingend, dass ein in der Klinik verstorbener Mensch dort bleibt. Er kann auch nach seinem Tod nach Hause gebracht und dort aufgebahrt werden, was ich sehr empfehle. Dazu später mehr.

Die Trickkiste des Todes ist umfangreich, deshalb ist auf die vorstehend beschriebenen Anzeichen des nahenden Todes nicht unbedingt Verlass. Hierzu fällt mir eine kuriose Begebenheit ein: Als junge Krankenschwester hatte ich an Weihnachten Nachtdienst. Eine Patientin saß quietschvergnügt im Bett und erfreute sich an der TV-Übertragung einer Papstmesse.

»Brauchen Sie noch was?«, fragte ich sie bei meiner ersten Runde nach der Übergabe.

»Danke, ich habe alles«, erwiderte die Rentnerin.

Nachts um drei, eine im Übrigen zum Sterben beliebte Zeit, klingelte sie. Als ich ihr Zimmer betrat, teilte sie mir ohne Umschweife mit: »Ich sterbe jetzt. Bitte rufen Sie meinen Sohn an.« Dabei saß sie aufrecht im Bett und machte keinen leidenden Eindruck. Doch ihr Wunsch war mir Befehl. Ich suchte die Nummer des Sohnes heraus, rief ihn an. Eine knappe Stunde danach führte ich ihn in das Patientenzimmer und wurde dort Zeugin einer herzergreifenden Begrüßungs- und Versöhnungsszene. Die beiden hatten sich zwanzig Jahre nicht gesehen, wie ich später erfahren sollte. Jetzt lagen sie sich schluchzend in den Armen und konnten sich gar nicht genug abbusseln.

Ich ließ sie allein. Dann wurde wieder geklingelt. Jetzt verlangte die Patientin, auf deren Bett ihr Sohn saß, Weihwasser. Ich nahm ein Kreuz von der Wand, an dessen Ende ein Weihwasserbehälter angebracht war, und reichte es ihr. Sie tunkte zwei Finger ein, bekreuzigte sich, legte sich zurück und … starb.

Wie hat sie das gemacht? Leider konnte ich sie ja nicht mehr fragen. Im Grunde genommen glaube ich, dass wir alle die Fähigkeit dazu hätten, an einem bestimmten Tag zu entscheiden: Jetzt ist es genug. Heute sterbe ich.

Bei indigenen Völkern ist so etwas nicht ungewöhnlich.

Sie spüren den Tod nahen, suchen einen Platz für den Abschied von dieser Welt und vollziehen ihn. So eine Verbindung zur Seele ist in unseren Breiten selten. Dennoch gibt es sie.

Die Seele weiß, wann es Zeit ist, heimzugehen

Die Seele kennt den Zeitpunkt des Abschieds und sendet Vorboten des Todes, auch bei einem plötzlichen Tod.

Auch dazu kann ich Ihnen Geschichten erzählen. Ja, es war ein Autounfall. Niemand konnte damit rechnen. Und dennoch hat Werner vier Wochen vor seinem tödlichen Unfall mit der Vorbereitung seines Abschieds begonnen. Er hat eine Patientenverfügung ausgefüllt und sein Büro aufgeräumt, was er schon längst hatte tun wollen.

Edith war schon lange krank, aber nie so schlimm, dass man sich ernstlich Sorgen machen musste. Ihre Rundreise zu den alten Freundinnen wurde gefeiert als Neustart. Ja, ein Start war es. Aber sein Ziel war die Anderswelt.

Martin hatte viele Jahre keinen Kontakt zu seinen Eltern. Sie freuten sich sehr, als er sich überraschend meldete. Man vereinbarte ein Treffen. Es kam nie zustande, Martin starb auf dem Weg zu ihnen im Zug an einem Aneurysma.

Als Christinas Kinder nach ihrem Tod die Wohnung der Mutter ausräumten, wunderten sie sich, weil die Kleidung dort bereits sortiert war. Sie hatten es für einen Spleen gehalten, dass Christina ihre Schränke radikal gelichtet hatte. Die Säcke für die Altkleidersammlung standen im Flur; Christina konnte sie nicht mehr selbst vors Haus stellen.

Dabei war sie doch nur für einen Routineeingriff ins Krankenhaus gegangen. Niemand hatte damit gerechnet, dass eine Gallen-OP bei dieser gesunden, sportlichen Frau tödlich enden würde. Doch: Etwas in ihr wusste es und reagierte darauf, ohne dass sie selbst verstand, was dieser Impuls, Ordnung zu schaffen, bedeutete.

Solche Zeichen können die Hinterbliebenen trösten, weil sie andeuten, dass es mehr zwischen Himmel und Erde gibt, als wir Menschen gemeinhin wahrnehmen.

In vielen Fällen findet man keine äußeren Zeichen – die Regungen der Seele, die der Verstorbene gespürt haben kann, müssen sich nicht unbedingt in äußeren Taten manifestieren. Ein Mensch, der sich seinem Erdenabschied nähert, kann dies auch ganz still, leise und ja, auch heimlich für sich selbst tun. Er weiß gar nicht, was ihn da überkommt: Plötzlich fallen ihm Begebenheiten aus der Vergangenheit ein, oder er hat das Bedürfnis, Menschen anzurufen, die er lange nicht gesehen hat. Später werden sie sagen: »Es war, als hätte er sich von mir verabschieden wollen.« Wir wissen nicht, wem wann die Stunde schlägt, ob wir vorbereitet oder plötzlich sterben. Die Seele, in steter Verbindung mit der Anderswelt, folgt dem Ruf der Heimkehr. Diesen Impuls verspüren manche Menschen unbewusst und beginnen, ihre unerledigten Dinge zu klären.

Nun kann man einwenden, dass es einfach sei, im Nachhinein etwas zu deuten, was in Wirklichkeit banal gewesen sei. Ja, so kann man es sehen. Ich sehe es anders. Für mich stellt sich eher die Frage: Wollen wir die Botschaften unserer Seele entschlüsseln, wollen wir den Zeitpunkt erahnen?

Eine vierköpfige Familie startet an einem Freitag in den

Urlaub und ist am Samstag nur noch zu dritt. Am Morgen liegt der Säugling tot in der Wiege. Das Bett neben dem Ehemann ist leer, seine Frau findet er tot im Bad. Jemand geht morgens zur Arbeit und kommt abends nicht zurück.

Was hat er als Letztes gesagt, wie haben wir uns voneinander verabschiedet? Diese Fragen beschäftigen die meisten Trauernden intensiv. Nur wenige machen sich Gedanken darüber, ob der Tod sein Kommen angekündigt hat.

Was mich die vielen Begegnungen mit Trauernden gelehrt haben, ist eine Bitte: Geht immer im Guten auseinander.

So oft verabschieden wir uns leichthin. Wir nehmen es als Selbstverständlichkeit, dass wir uns wiedersehen. Höchstens, wenn wir uns von hochbetagten Menschen verabschieden, halten wir vielleicht kurz inne und fragen uns, ob wir ihn, ob wir sie noch einmal wiedersehen. Nein, Niko hat seine Großmutter nicht mehr gesehen, genauso, wie er es vermutete, als er sie im Krankenhaus besuchte.

Aber nicht die Großmutter ging zuerst, es war ihr Enkel. Auf der Heimfahrt vom Krankenbett erlitt Niko einen tödlichen Fahrradunfall. Wer denkt denn an so was! Falls wir überhaupt daran denken, dass wir einen anderen vielleicht nicht wiedersehen, rechnen wir unter Umständen damit, dass der andere nicht mehr da sein könnte. Doch auch wir selbst können die Fliege machen. So ist es heute, und so war es im 17. Jahrhundert, als John Webster *Die Herzogin von Malfi* verfasste: »Der Tod hat Zehntausende von Türen, durch die ein Mensch abgehen kann.«

Von einem befreundeten Ehepaar weiß ich, dass sie, egal was tagsüber geschehen war, Nacht für Nacht händchenhaltend einschliefen. Und so starb die Frau dann auch: plötzlich, ohne vorherige Anzeichen, händchenhaltend beim Einschlafen mit ihrem geliebten Mann.

Mich hat die Beschäftigung mit dem Tod darin bestärkt, jeden Abschied bewusst zu begehen. Es ist nie sicher, dass man sich wiedersieht. Wir reichen uns halbherzig die Hände oder halten die Ellbogen aneinander, sagen »Tschüss« und sind in Gedanken schon ganz woanders. Man sieht sich, alles klar, bis denne, ciao, bis zum nächsten Mal, auf Wiedersehen, servus, bis die Tage. Es könnte aber auch sein, dass es keine weitere Begegnung gibt. Dass es das war. Und dann kramt man in seinem Gedächtnis und erinnert sich nicht … was hat er gesagt, was hat sie gesagt? Man war nicht präsent im Abschied. Meiner Meinung nach »kostet« das drei Sekunden Aufmerksamkeit. Es ist ein gutes Gefühl, sich bewusst voneinander zu verabschieden. »Auf Wiedersehen«, sage ich oder »Pfiat di« … und mein Gruß beinhaltet die besten Wünsche für mein Gegenüber. Ich kann das nur wärmstens empfehlen. Es ist nicht nur eine schöne Angewohnheit. Wir öffnen auf diese Weise auch unser Bewusstsein für die Tatsache, dass das Leben endlich ist … so, wie es heute ist, wird es nie wieder … Letztlich sind es Kleinigkeiten, mit denen wir uns auf die Begegnung mit dem Tod vorbereiten können.

Wenn ich mich von meinem Mann verabschiede, selbst wenn er nur zum Einkaufen geht, tue ich das bewusst. Jeder Augenblick könnte der letzte sein. Das denke ich nicht nur so dahin, ich habe es verinnerlicht, Abschiede bewusst zu gestalten. Wie schön, dass es diesen Menschen in meinem Leben gibt, hier und heute.

Es ist jetzt nicht die Zeit, mich ständig mit anderen Sphären zu befassen. Ich lebe jetzt in dieser Welt, in keiner anderen. Aber ich weiß, dass Unterlassungen entsetzliche Quälgeister sein können, vor allem, wenn man im Streit auseinandergegangen ist. »Abends wollte ich mich entschuldigen«, erzählte mir eine Witwe. »Aber er ist nie wieder nach Hause gekommen, und ich muss immer denken, wenn er sich nicht so aufgeregt hätte bei unserem Streit, wäre er vorsichtiger gefahren.«

Doch wenn ein Mensch gestorben ist, heißt das nicht, dass wir keine Möglichkeit mehr haben, uns ihm gegenüber zu erklären. Es ist durchaus möglich, auch nach dem Tod noch etwas geradezurücken. Hin und wieder höre ich auch Berichte, dass Verstorbene selbst etwas geraderücken: Mit zunehmender Verzweiflung suchte Maria das Testament ihres Vaters, das sie wegen einer verwickelten Familiengeschichte unbedingt benötigte, um mit ihren drei Kindern nicht auf der Straße zu stehen, sondern im Haus wohnen zu bleiben. Maria fand das Testament nicht – bis sie nachts träumte, der Vater habe es in der Gartenlaube in der Holzkiste mit den Kinderspielsachen versteckt. Und tatsächlich, da lag es!

Dem Tod von der Schippe springen

Gelegentlich ist die Rede von Spontan- oder Wunderheilungen. Ein Todgeweihter springt dem Tod von der Schippe. Ich glaube, dass solche Wunder in der Seele beginnen. Die Seele weiß, wann es Zeit ist, heimzukehren. Sie befindet sich eine Stufe höher als die Intensivmedizin oder die Prophezeiungen von Ärzten. Das habe ich als Krankenschwester und auch als Sterbeamme oft genug gehört und auch selbst erlebt, so wie bei einer schwer kranken Siebzehnjährigen. Man gab ihr noch drei Monate. Doch die Seele gibt ihr nun schon zwei Jahre. Denn sie hat etwas gefunden, das so erfüllend ist, so sinnstiftend, dass sie noch bleiben *muss:* Sie hatte sich schon ein Grab ausgesucht, war beim Bestatter gewesen und hatte in verschiedenen Särgen probegelegen. Eine erstaunliche junge Frau. Beim Bestatter sah sie sogenannte Trostengel, mit der Laubsäge aus Sperrholz geschnittene Figuren. Solche Trostengel kann man selbst gestalten und an den Sarg kleben. Die junge Frau war sofort Feuer und Flamme, und nachdem sie für sich selbst einen hergestellt hatte, machte sie weiter. Diese Engelsarbeit beflügelte sie so sehr, dass ihr Tod abgesagt werden musste; auch der reservierte Sarg ging zurück. Heute gestaltet sie in ihrem Start-up Trostengel für andere.

Oft kann noch viel geschehen, auch wenn der Befund lautet: austherapiert, da kann man nichts mehr machen. Eine kuriose Begebenheit habe ich in der Klinik erlebt. Eine ältere Dame sollte zum Sterben von einem großen Krankenhaus in ein Altenheim verlegt werden. Unterwegs entwickelte die Patientin plötzlich so starke Atemnot, dass die Sanitäter unser kleines Krankenhaus anfahren mussten, das auf dem Weg lag. Bei der Ankunft ging in der Kommunikation zwischen Sanitäter und aufnehmender Krankenschwester etwas schief, sodass die Patientin nicht als Sterbende eincheckte, sondern als röchelnder Akutfall. Schweres Atmen ist im Sterbeprozess normal. Doch meine Kolleg*innen handelten im Akutfall. Also schnell, schnell, absaugen, Mobilisationsstuhl. Es dauerte nicht lange, da wurde die bewusstlos eingelieferte Patientin munter. Spielte mit den Schläuchen herum, öffnete die Augen. Zwei Tage später ließ sie sich die Krankenhauskost schmecken, schickte sogar einen Gruß an die Küche, und eine Woche später verließ sie das Krankenhaus auf ihren eigenen Beinen. Als hoffnungsloser Fall eingeliefert, aber die Seele hatte hier andere Pläne und setzte sie raffiniert in die Tat um.

Wenn Paare sehr lange zusammen sind und eine oder einer stirbt, dauert es oft kein Jahr, bis der/die andere ihm folgt – bei bester Gesundheit. Legt sich abends ins Bett, steht morgens nicht mehr auf oder bekommt sehr schnell eine verheerende Krankheit. Die Seele mag nicht mehr. Und wenn er oder sie dann intensivmedizinisch behandelt wird? Gewiss, das kann zu einer Verlängerung führen, doch letztlich sind die Würfel gefallen. *Ich will nicht mehr.* Unsere Hochleistungsmedizin ignoriert diesen Wunsch meiner Erfahrung nach immer öfter. Man kann ihr keinen Vorwurf machen, die Ärzte handeln laut ihrem Eid: Leben retten. Nicht selten wird intubiert – und fünf Stunden später bringt jemand aus der Familie die Patientenverfügung ins Stationszimmer, in der zu lesen ist, dass der Patient auf keinen Fall intubiert werden möchte. Shit happens. Den dieser Patient nun auslöffelt. Er *wurde* dem Tod von der Schippe gesprungen.

Eine Bekannte von mir hat sich »Nicht wiederbeleben!« auf die Brust tätowieren lassen, nachdem sie den qualvollen Tod ihrer Mutter miterlebt hat. An ihrem achtzigsten Geburtstag, im Kreis ihrer Familie, war die Frau zusammengebrochen, Herzstillstand. Es war ein sehr schönes Fest gewesen. Dieser gnädige Tod hätte der krönende Abschied ihres Lebens sein können, ein friedliches Hinübergleiten. Doch so lief es nicht: Der Notarzt war schon nach acht Minuten vor Ort und reanimierte auf Teufel komm raus. Es folgten Schockraum, Koma und zehn Wochen Leiden, bis die Frau endlich starb oder … sterben durfte. Und es war kein schöner Tod. Alle ihre Angehörigen machten sich Vorwürfe, dass sie überhaupt den Notarzt gerufen hatten. »Wir hätten eine halbe Stunde warten sollen und erst anrufen, wenn wir sicher gewesen wären, dass sie nicht mehr mit so einem Schmarrn beginnen«, sagte meine Bekannte.

Aber wer ist in so einer Situation schon mit solcher Geistesgegenwart gesegnet? Um dem vorzubeugen und sich zu erinnern, hat sich meine Bekannte ihr ungewöhnliches Tattoo stechen lassen.

Als Krankenschwester habe ich es oft erleben müssen, dass ein Batzen Fleisch, ja, so nenne ich das jetzt mal, noch an der Beatmung hängt. Wobei ein solches Leid Geld in die Kasse der Klinik spült. Und letztlich spürt der Halbtote doch gar nichts mehr. Tatsächlich? Woher wollen wir das wissen? Meiner Meinung nach machen wir uns da etwas vor. Oft habe ich in der geistigen Welt um Hilfe für diese Menschen gebetet. »Liebe Schutzengel, nehmt euch dieser armen Seele an!«

Einmal in der Nachtschicht habe ich gemeinsam mit einer Lernschwester eine Frau mit blassblauem Gesicht vorgefunden, die versehentlich nicht hochgelagert worden war trotz ihrer PEG, künstlichen Ernährung. Die Nahrung war zurückgeflossen, die Patientin drohte zu ersticken. Als ich ihr helfen wollte, schüttelte sie panisch den Kopf. Wie viel Verzweiflung muss in ihr gesteckt haben? Wie viel Mut hätte ich gebraucht, nichts zu tun? Ich hatte ihn nicht.

Wir lagerten sie hoch, wir riefen den Arzt, und dann wurde sie abgesaugt und musste weiterleiden, obwohl sie seit Tagen förmlich um ihren Tod bettelte.

Oft lese ich in der Zeitung: »wurde erfolgreich wiederbelebt«. Was dort nie steht: welchen Leidensweg ein solcher Mensch vor allem im hohen Alter vor sich hat. Es ist ja leider nicht so, dass man nach einer Wiederbelebung aufsteht und fröhlich pfeifend nach Hause spaziert. In vielen Fällen endet der Wiederbelebte als Pflegefall. Oder zumindest mit sehr eingeschränkten Fähigkeiten. Deshalb bekommt er dann vielleicht noch schnell einen Herzschrittmacher eingepflanzt, damit das Herz immer schön weiterschlägt. Es ist gruselig, am Bett eines Toten zu stehen, und in seiner Brust tickt der Herzschrittmacher weiter. Das ist mir einmal passiert, und obwohl ich seinerzeit schon lange im Dienst war, erlebte ich das als Schock. Keine Atmung, aber in der Brust tickte es.

Bitte verstehen Sie mich nicht falsch. Ich selbst bin sehr glücklich über die Möglichkeiten der Medizin. Ohne sie könnte ich Ihnen das alles gar nicht erzählen, weil ich dem Tod auch selbst einmal von der Schippe gesprungen bin. Dennoch meine ich, dass wir die Lebensqualität der Patienten in den Vordergrund rücken sollten anstelle von Machbarkeit und Fallpauschalen. Sonst lassen wir die Menschen trotz bester Versorgung im Stich. Und wer keine Patientenverfügung ausfüllt, lässt sich selbst im Stich und auch seine Angehörigen, die dann entscheiden müssen. Ich bin dafür, dass alles offen besprochen wird, mit dem Partner, mit den Kindern, mit Freunden. Gerade auch unsere Ängste.

Oft haben Angehörige Angst davor, mit dem Patienten allein zu Hause zu sein, ohne ärztliche Betreuung. Hier hilft es, wenn man alle wichtigen Telefonnummern und Schritte, die in einem Notfall zu tun sind, notiert. Oder sogar eine Tasche packt, die griffbereit ist, falls die berechtigte Sorge besteht, dass ein Krankenhausaufenthalt nötig werden könnte. Es ist wichtig, dass sich die Angehörigen nicht von der Erkrankung einschüchtern lassen, dass sie sie verstehen, auch alle Veränderungen, die mit ihr einhergehen und auf die reagiert werden muss. Braucht es ein spezielles Bett, woher bekommt man das, welche Medikamente sind einzunehmen, muss in der Ernährung auf etwas geachtet werden und so weiter. Hier unterstützen Hospizvereine vor Ort, die genau wissen, was zu tun ist, und die auch immer die Angehörigen im Blick behalten. An denen hängt alles – und sie werden häufig vergessen. Ständig klingelt das Telefon und jemand fragt: »Wie geht's ihm/ihr?« Nach den Angehörigen fragt niemand. Sie sorgen dafür, dass alles stabil bleibt, sind von morgens bis abends auf den Beinen, oft bis zur Erschöpfung, doch sie spielen keine Rolle.

Jedenfalls nicht in der Außenwelt. Bei den Sterbenden sieht die Sache anders aus. Gerade im Angesicht des Todes, wo so viele Ängste auftauchen können, glauben Kranke und sterbende Menschen, tapfer tun zu müssen, und achten mehr auf die Bedürfnisse ihrer Angehörigen, die sie nicht im Stich lassen wollen. Womit sie sich wiederum selbst im Stich lassen.

Lass mich nicht im Stich!

Manchmal meinen Menschen, dass sie sterbenden Angehörigen am besten beistehen, wenn sie so tun, als würde alles wieder gut werden. Nicht über »die Sache« sprechen, den Tod nicht benennen. So haben es zu meiner Zeit im Krankenhaus auch einige Ärzte gehandhabt, was ich grundfalsch fand, doch wie sollte ich als junge Schwester den Halbgöttern in Weiß widersprechen? Es kam mir so vor, als würden wir unseren Patienten mit einer Verschleierung der Diagnose Lebenszeit klauen, in der sie noch viel Sinnvolles tun konnten. Gewiss ist es für einen Arzt einfacher, wenn er sagt: »Das wird schon wieder«, als sich den für ihn unangenehmen Reaktionen einer verzweifelten, weil todgeweihten Patientin auszusetzen. Es gibt auch Patienten, die geradezu darum flehen, dass man ihnen die Hoffnung nicht raubt. Doch wenn es aufs Ende zugeht, wissen auch sie in der Regel, was geschieht. Eine Ärztin, die ich sehr schätze, sagte einmal: »Wir können den Patienten keine Heilung versprechen, aber wir können ihnen versprechen, dass wir sie in ihrer letzten Stunde nicht leiden lassen und dass wir sie nicht allein lassen.«

Das Im-Stich-Lassen beginnt nicht erst, wenn der Sterbeprozess einsetzt, es fängt schon viel früher an. Man sollte nicht vergessen, dass viele Ärztinnen und Ärzte den Tod als Feind betrachten, gegen ihn treten sie an, ihm wollen sie die Patienten entreißen. Manchmal allerdings zu einem sehr hohen Preis, den immer der Patient zahlt. Heute werden Diagnosen nicht mehr verschleiert. Es gibt durch die Hightechmedizin auch immer weniger Möglichkeiten zu

Vertuschungen und Vermutungen. Man sieht es auf dem Bild, wo der Tumor überall gestreut hat. Auch Hoffnung kann man streuen … wenn wir noch dies und jenes versuchen würden. Man sollte sich darüber bewusst sein, dass dies alles die Zeit mindert, in der man sich bewusst mit seinem Tod und dem Leben davor auseinandersetzen kann. Der Kampf um ein letztlich verlorenes Leben, wenn es sich nur um Tage handelt, verschlingt Ressourcen, die man für die Akzeptanz des Unvermeidlichen nutzen könnte, um sich dann am Ende nicht zu wehren, was ohnehin nichts bringt, sondern einverstanden zu sein. Wobei ich die Letzte bin, die von Hoffnung abrät, dazu habe ich zu viele kleine und große Wunder gesehen. Aber ich möchte dringend dazu aufrufen, nicht vorschnell einzuwilligen, ein Therapieangebot nicht übereilt anzunehmen, auch nicht, wenn das Angebot von einem Halbgott in Weiß kommt.

Wir lassen Todkranke im Stich, wenn wir ihr Bedürfnis ignorieren, über das Unfassbare, was jetzt kommt, zu sprechen, wenn wir Sterben totschweigen. »Unkraut verdirbt nicht«, wollen wir ihnen Mut machen, dabei möchten sie keinen Mut, sondern endlich thematisieren, was ist: Bald bin ich nicht mehr da. Und ihre Fragen formulieren: Was ist dann? Wo bin ich dann? Und ihre Sorgen: Und du, glaubst du, du kommst zurecht ohne mich?

Das ist für viele Menschen am Ende ihrer Tage das Wichtigste: ihren Lieben nicht zu viel aufzubürden. Die Angehörigen wollen den Sterbenden ablenken … Aber vom Tod kann man nicht ablenken, und wenn man es am Ende doch tut, verpasst man etwas, das ist meine Überzeugung. Beim Sterben lernen wir so viel wie sonst selten. Und es gibt nicht allzu viele Gelegenheiten, es zu üben.

Der Philosoph und Schriftsteller Michel de Montaigne bringt es in seinen *Essais* auf den Punkt: »Und doch glaube ich, können wir uns irgendwie mit dem Tod vertraut machen und ihn sozusagen probieren. Wir können ihn zwar nicht ganz und vollständig erfahren, aber doch so weit, dass diese Erfahrung nicht nutzlos ist, weil sie uns Kraft und Halt gibt: Wenn wir auch nicht wirklich hinkommen können, so können wir doch in die Nähe gelangen; wir können Erkundungsfahrten unternehmen; und wenn wir auch nicht bis zum Geheimnis des Todes vordringen, so ist es uns doch möglich, die Wege, die dahin führen, zu sehen und uns mit ihnen schon vertraut zu machen.«

Natürlich freuen wir uns nicht über die Möglichkeit, etwas über den Tod zu lernen, wenn wir am Bett einer Sterbenden sitzen, nach dem Motto: Super, dass ich bei deinem Tod hospitieren kann.

Diese Erkenntnisse kommen erst später. Oder nie. Wie auch manche Vorwürfe, wenn man erkennt, dass man eine Gelegenheit ungenutzt hat verstreichen lassen, wenn man im Nachhinein meint zu verstehen, wie gern der Sterbende über gewisse Dinge gesprochen hätte, die man aber nicht aufgegriffen hat aus Angst, ihn zu belasten. Oder sich selbst? Weil wir das Sterben verlernt haben, verirren wir uns manchmal. Und dann ist es gut, wenn jemand die Regie übernimmt, der sich auskennt.

Zum Beispiel eine Sterbeamme. Reden, reden, reden … das zu übermitteln ist die wichtigste Aufgabe einer Sterbeamme. Wie oft bin ich in der Klinik zu einem sterbenden Menschen gekommen, der umringt von seiner hilflosen Familie im Bett lag.

»Was hat es denn heute zum Essen gegeben«, wird er gefragt, obwohl alle wissen, dass er kaum mehr isst. Aber die Stille ist so laut, und man muss doch was sagen. Auch wenn alles schon gesagt ist. Was aber meistens nicht stimmt. Das, worum es wirklich geht, wurde ausgeklammert.

Die Angehörigen reißen sich zusammen. Die Sterbende soll nicht merken, wie verzweifelt sie sind. Aber natürlich merkt sie es doch, und das zerrt noch mehr an ihr. Im Angesicht des Todes wird sichtbar, was eine Familie, eine Ehe zusammenhält. Da ist der starke Mann und Familienvorstand, alles wurde gemacht, wie er es wollte, er trug die Verantwortung, und seine Frau kümmerte sich um den Haushalt und die Kinder. Ein Arrangement, das beiden gefiel. Doch nun ist er nur noch ein Schatten seiner selbst, was er mit letzter Kraft zu überspielen sucht, ein ruppiger Kranker, den seine Hilfsbedürftigkeit zerfleischt. Und seine Frau soll plötzlich Formulare ausfüllen, Bankgeschäfte erledigen, Entscheidungen treffen. Und dabei noch so tun, als wäre alles kein Problem für sie, um ihn nicht zu belasten. Woher soll sie diese Fähigkeiten haben, er hat doch immer alles gemacht, und wenn sie etwas nicht konnte, hat er ihr geholfen. Und jetzt ist er einfach ausgestiegen, und das macht sie so wütend, dass er sie im Stich lässt und sie sich von der Nachbarin fünfzig Euro leihen muss, weil sie nicht weiß, wie sie an Bargeld kommen soll.

Wenn es dem Ende zugeht, zeigt sich, wie viel Speck an Erfahrungen nicht nur die einzelnen Menschen, sondern auch Beziehungen angesetzt haben im Laufe der Jahre. Reicht es, um einen guten Abschied zu gestalten? Oder fangen wir jetzt erst mal an, uns selbst und unseren Partnern wirklich zu begegnen im Angesicht des Todes? Auch das ist möglich.

Es gibt bestimmte Muster, die ablaufen können; sie folgen psychologischen Drehbüchern. Sie zu kennen ist eine große Erleichterung. Ein Drehbuch zeigt uns eine gestresste Ehefrau, die in der Abwesenheit ihres Mannes gemerkt hat, wie viel besser es ihr ohne ihn geht. Doch so etwas darf man nicht einmal denken, geschweige denn laut sagen. Sie weiß, dass ihre Gefühle für ihn erkaltet sind, wird ihm aber in nächster Zeit sehr viel beistehen müssen. Einen Todkranken lässt man nicht allein, da könnte man ja nicht mehr in den Spiegel schauen.

»Aber wieso soll ich jetzt noch mit ihm reden, wo doch sowieso schon alles zu spät ist«, fragte sie mich.

In einem anderen Drehbuch lernen wir einen Patienten kennen, der die Zügel seiner Familie fürsorglich und fest in der Hand hält. Er kümmert sich immer um alles und um jeden. Ein Patriarch wie aus dem Bilderbuch. Autoritär zwar, aber auch großherzig – Typ raue Schale, weicher Kern. Alle haben sich daran gewöhnt, dass er weiß, wo es langgeht. Er fühlt sich geradezu verpflichtet, so zu tun, als wüsste er es noch immer. Eine andere Rolle kennt er nicht, noch nicht, bis sein beginnender Sterbeprozess sie ihm aufhalst und er seiner Frau gesteht, was sie schon lange weiß: »Ich schaffe es nicht mehr.«

Was für eine Erleichterung für ihn! Und was für eine Neubegegnung der beiden ganz zum Schluss.

Leben Kinder in der Familie, stellt dies immer eine besonders fragile Situation dar, weil Kinder dringend Halt benötigen. Es kann sie extrem verunsichern, wenn ein Elternteil schwer erkrankt. Der Tod eines Elternteils ist – übrigens nicht nur für Kinder – ein einschneidendes Erlebnis. Viele Hinterbliebene wünschen sich in diesen Momenten jemanden, der sie begleitet und professionell berät.

Allein in Deutschland leben circa fünfhunderttausend jüngere Menschen, deren Lebenspartner*in verstorben ist, und circa achthunderttausend Kinder, die ein Elternteil oder beide Eltern verloren haben. Es gibt mittlerweile zahlreiche unterstützende Angebote, für Kinder und Jugendliche z.B. die Nicolaidis YoungWings Stiftung (www.nicolaidis-youngwings.de/stiftung.html). Im Anhang finden Sie einige Adressen von Organisationen, die mir persönlich bekannt sind – im Internet gibt es noch viel mehr Hilfsangebote. Sterbeammen finden Sie unter www.sterbeamme.de.

Und wenn es so weit kommt, dass ein Elternteil stirbt, können Geschwister völlig unterschiedliche Bewältigungsstrategien an den Tag legen. Da ist der dreißigjährige Sohn, der den über alles geliebten Vater nicht im Krankenhaus besucht, weil er seine Hilflosigkeit nicht erträgt, während seine jüngere Schwester gerade in dieser Situation zum ersten Mal richtig Kontakt zum Vater findet. Es kann zu Streitigkeiten innerhalb der Familie kommen, wer welche Aufgaben übernimmt, Allianzen werden gebildet … das System steht Kopf, neue Rollen müssen gefunden werden. Der Abschied von einem Familienmitglied, eine Krise für alle Beteiligten, beinhaltet auch eine Chance für manche, über sich selbst hinauszuwachsen, neue Seiten ihrer Persönlichkeit kennenzulernen, insgesamt zu reifen.

In vielen Familien ist es nicht üblich, über Gefühle zu sprechen, ebenso innerhalb von Paarbeziehungen, nach dem Motto: Ich habe dir einmal gesagt, dass ich dich liebe, und das sollte reichen bis ans Lebensende. Das kann aber schneller kommen als erwartet. Und wenn man nicht gewohnt ist, seine Gefühle zu äußern, können sie sehr verquer herauskommen. Ich erinnere mich an einen Ehemann, der, gewiss auch bedingt durch Corona, nach der Diagnose des Bauchspeicheldrüsenkrebses bei seiner Frau zu einem regelrechten Hygienefanatiker wurde. Er machte nicht nur seine Frau wahnsinnig mit seinen übertriebenen Hygienevorschriften, sondern die ganze Familie und Freunde, die er am liebsten von seiner Frau fernhalten wollte, da er nur noch Virusschleudern in ihnen sah. Doch ihr blieben ja ohnehin nur wenige Wochen. Sie fühlte sich von ihm drangsaliert, bis wir in einem bewegenden Gespräch sein Motiv offenlegten: Beschützen wollte er sie und wusste nicht, wie er es anstellen sollte, sodass er letztlich mit Desinfektionsmittel um sich sprühte, um seine Verzweiflung in den Griff zu bekommen.

Ein anderes Drehbuch zeigt uns eine vierfache Mutter mit Leib und Seele, die sich immer so aufopferungsvoll um die ganze Familie gekümmert hat, dass diese nun gar nicht weiß, wie sie mit einer sterbenskranken Mutter umgehen soll. Mama ist nie krank, das ist ein Grundgesetz, die Basis der Familie, Mama ist immer da, immer im Einsatz. Und das sieht sie genauso und will bloß keine Umstände verursachen, niemand soll sich um sie sorgen, nein, sie braucht auch keine Besuche, und bitte, sie will niemanden stören mit diesem blöden Tod, der wirklich zur Unzeit kommt, wo die Jüngste gerade Abitur macht und der Älteste demnächst Vater wird.

Manchmal erfahren Menschen in ihrer Todesnähe zum ersten Mal die Fürsorge, die sie lebenslänglich spendeten. Einmal sagte eine Frau: »Dafür lohnt sich das ganze Zeug mit dem Sterben. Die sind alle so lieb zu mir.«

»Weil du uns gelehrt hast, wie das geht, Mama«, sagte einer ihrer Söhne.

Der nahende Tod ist wie eine Lupe, die all das übergroß zeigt, was man vielleicht jahrelang vertuschen oder einfach nicht sehen wollte.

Zuweilen fühlen sich alle im Stich gelassen. Der zukünftige Hinterbliebene vom Scheidenden, der Scheidende von den Bleibenden. Das ist sehr traurig. Manchmal liegt es daran, dass man nicht weiß, wie man anfangen soll. Und dann ist es gut, wenn eine Dolmetscherin da ist, eine Brückenbauerin, eine Sterbeamme oder Sterbebegleiterin aus dem Hospiz.

Das sind zwei Bezeichnungen für sich ähnelnde Ausbildungen. Großherzige, empathische Menschen mit viel Lebenserfahrung wissen auch ohne Zertifikat, worauf es jetzt ankommt. Doch sie sind immer seltener zu finden. Wo sollten wir es auch lernen, wenn der Tod, pfui Teufel, in der Gesellschaft verbannt wurde. Auch kochen können immer weniger junge Menschen, weil es immer weniger Mütter gibt, die zu Hause sind. Und was Hänschen nicht lernt, lernt Hans nimmermehr ... oder nur mit ein bisschen Nachhilfe.

In meiner Eigenschaft als Sterbeamme weiß ich auch, wann es Zeit ist, mich zurückzuziehen. Ich höre zu, ich gebe Impulse, und dann gehe ich hinaus. Oft, wenn ich das Zimmer wieder betrete, ist alles anders. Einmal hat mir eine Frau tränenüberströmt erzählt, wie sehr sie es bedauert, dieses Gespräch nicht vor langer Zeit geführt zu haben. Das konnte sie sich kaum verzeihen. Doch jetzt hat sie es geführt. Alles hat seine Zeit.

Der Tod bereitet sich ein Leben lang vor. Oder besser gesagt, wir bereiten ihn vor mit der Art und Weise, wie wir leben, wie wir mit unseren Mitmenschen umgehen.

Redet miteinander, solange es noch geht, und seid ehrlich! Auch darin, dass ihr euch nicht alles sagen wollt. Raus muss es trotzdem. Bei der Beichte, oder es wird einer Vertrauten oder einer Sterbeamme anvertraut. Zum Beispiel die Angst, vergessen zu werden. »Das kann ich meinem Sohn nicht sagen«, erzählte mir eine ältere Dame bedrückt. Sie bekam sehr schlecht Luft, und es dauerte lange, bis sie ihren Sorgen eine Stimme geben konnte. Ihr Sohn hatte sie oft ruppig behandelt, im Krankenhaus besuchte er sie nur sonntags, und nach kurzer Zeit klingelte dann sein Handy, und er musste dringend weg. Ins Seniorenheim war er einmal im Monat gekommen. Dafür erhielt sie wöchentlich einen Blumenstrauß, per Dauerauftrag. »Ich bin ihm lästig«, sagte die Mutter kummervoll. »Dabei würde ich mich für ihn in Stücke reißen lassen. Aber er ist immer auf Abwehr. Ich habe Angst, dass er froh ist, wenn ich weg bin.« Unendlich schwer fiel es ihr, das auszusprechen. »Und dass er mich dann ganz schnell vergisst.«

Diese Angst vor dem Vergessenwerden plagt nicht wenige Sterbende. Für manche ist es Balsam, wenn man ihnen sagt, wobei man an sie denken wird. Ich zum Beispiel denke bei jeder Ferse, die ich stricke, an meine Schwiegermutter, denn sie hat mir den »Strick um die Ecke« beigebracht. Eine gute Freundin von mir denkt bei Käsekuchen an ihre Mutter, von ihr ist das Rezept. Das Leben hat mich jedoch gelehrt, dass wir das, was wir am Totenbett ankündigen, nicht halten können. Trauer ist unberechenbar, und dann denken wir nicht wie angekündigt bei der Bergpredigt an unseren lieben Onkel, sondern wenn wir etwas vom FC Bayern hören, weil er so ein großer Fan war.

Diese Sorge ums Vergessenwerden erscheint mir gut nachvollziehbar. Wenn man tot ist, ist man weg. Aus den Augen, aus dem Sinn. Und ja, im Lauf der Zeit wird die Trauer kleiner. Aber weg ist ein geliebter Mensch nie. Solange wir atmen und uns an ihn erinnern, ist er mit uns.

Manche Ehepaare versichern sich beim Abschied, dass sie nie wieder einen anderen Menschen lieben werden. Ich finde das eigentlich nicht schön, sondern traurig, aber ich halte mich natürlich zurück. Anderen Sterbenden ist es sehr wichtig, ihre Hinterbliebenen freizugeben, was diese wiederum falsch verstehen können. »Wie kannst du so etwas sagen!«

Dann werde ich manchmal gebeten, das zu übernehmen. Einmal hat ein schwer kranker Patient es mit krakeliger Schrift auf einen Zettel geschrieben, den ich seiner Frau nach seinem Tod geben sollte. Immer wieder wollte er es ihr sagen, aber sie wollte es nicht hören: *Bitte fühl dich nicht an mich gebunden, wenn du eines Tages einen neuen Partner hast. Von Herzen gebe ich dir meinen Segen dazu, denn ich liebe dich, und ich möchte, dass es dir gut geht, und ich werde auf dich schauen, und wenn ich sehe, dass es dir gut geht und du lachst und fröhlich bist, dann geht es mir auch gut.*

Eine schwere Erkrankung ist ein Frontalangriff auf die Augenhöhe eines Paares. Das ist auch sichtbar: Einer liegt im Bett, die andere sitzt und steht und geht. Eine bleibt im Krankenhaus, der andere geht nach dem Besuch nach Hause. Einer fährt mit dem Auto, der andere wird im Rollstuhl geschoben. Eine wird nicht mehr lange atmen, die andere erfüllt sich einen Wunsch und lernt Tauchen. Einer geht, eine bleibt, wird Zimmer neu streichen oder umziehen, wird einen neuen Beruf ergreifen oder wieder heiraten, alles steht ihr offen. Der andere steht vor einer Wand mit einer Tür, es gibt kein Entkommen, und er weiß nicht, was ihn hinter dieser Tür erwartet. Seine jetzige Existenz löst sich auf wie auch die Eigenständigkeit in der Beziehung. Er ist davon abhängig, ob die Familie sich bereit erklärt, ihn zu Hause zu behalten, anstatt ihn ins Krankenhaus oder Pflegeheim abzuschieben. Er ist dankbar. Und es ist schrecklich. Er braucht für alles Hilfe. Und dann diese Windeln! Er fühlt sich klein und lästig, wo ist sie hin, die Augenhöhe?

Manchmal hasst er seine Ehefrau dafür, dass sie so gesund ist und weiterleben wird. Früher haben sie sich alles gesagt. Jetzt schämt er sich und schlägt die Augen nieder. Er fühlt sich so schlecht, weil er solche Sachen denkt, die er keinem sagen kann, das macht ihn noch einsamer.

Bis die Sterbeamme oder die Hospizhelferin kommt. Er kennt sie nicht. Deshalb fällt es bei ihr leichter, diese schlimmen Sachen zu sagen. Und er hört, dass das ganz normal ist. Nein, er ist kein schlechter Mensch. Sein Leben steht Kopf, seine Welt steht Kopf, das ist so beim Sterben.

Auch für die Ehefrau, die sich schrecklichste Vorwürfe macht, weil sie ihren Mann, fix und fertig mit den Nerven, angeschrien hat, weil er schon wieder ... Alles ist ins Bett gegangen. Er hat versprochen, dass es nicht mehr passiert. Er will einfach keine Windel anziehen. Einst waren wir ein Paar, waren Mann und Frau, und jetzt kämpfen wir um eine Windel? Wo ist sie hin, die Augenhöhe?

Indem wir annehmen, dass es jetzt so ist, wie es ist, stellen wir sie wieder her, die Augenhöhe.

Und es gibt ja noch andere, die vielleicht zu Besuch kommen und mithelfen, und jede, jeder von ihnen trägt ein eigenes Päckchen. Wenn Elternteile sterben und ihre Kinder sich am Bett versammeln, werden oft alte Rivalitäten aktiviert. Einer will das Lieblingskind sein, eine fühlt sich zurückgesetzt, abgelehnt, spielt nicht mit, findet alles blöd. In Gesprächen höre ich von vier Kindern vier völlig verschiedene Schilderungen über ihre Mutter oder ihren Vater. Es sind dieselben Eltern, und doch ist jede Beziehung zu den Eltern und von den Eltern zu den Kindern anders. Wer sitzt wie lange am Bett? Wer wird dabei sein ganz zum Schluss? Du hast dich doch immer vor allem gedrückt! Innerfamiliäre Spannungen können gerade am Sterbebett auflodern, ein sehr ungünstiger Zeitpunkt für die Sterbenden, was die sich ereifernden Angehörigen leider nicht merken. Doch das Gehör funktioniert am längsten, auch im Sterbeprozess ist es noch aktiv. Sterbende bekommen viel mehr mit, als viele Menschen vermuten. Es ist sehr belastend für die Sterbenden, wenn sie Ohrenzeuge von innerfamiliären Wettbewerben werden: Bei mir hat der Papa einen Schluck getrunken, du gibst ihm die Tabletten ganz falsch, siehst du nicht, dass er friert, dass er schwitzt und so weiter.

Je reifer die Persönlichkeiten sind, desto besser haben sie sich im Griff. Manchmal braucht es aber wirklich einen Dritten, um die schweigenden Streithähne zu trennen. Selbst wenn sie es nicht aussprechen, die Luft ist zum Schneiden. Wieso sollen Geschwister, die sich vielleicht seit vielen Jahren spinnefeind sind, plötzlich wie Brüderchen und Schwesterchen friedlich am Sterbebett nette Anekdoten zum Besten geben?

Wenn auch die Angehörigen den nahenden Tod annehmen und dieser Situation zustimmen können, dass sie jetzt hier versammelt sitzen und dass sie alle einen wichtigen Menschen in ihrem Leben verlieren werden, helfen sie diesem wichtigen Menschen am meisten.

Verrückterweise ist uns das in der Theorie meistens absolut klar. Doch dann lassen wir uns doch zu etwas hinreißen, was absolut fehl am Patz ist. Wir sind eben nur Menschen. Auch die Ehefrau, die unten in der Küche einen Kuchen nach dem anderen buk. Oben im ersten Stock lag ihr Mann im Sterben. »Das riecht aber lecker«, lobte er. »Wann ist der Kuchen denn fertig?«

»Bald.«

»Kriege ich ein Stück?«

»Nein. Der ist für deine Beerdigung.«

Familiengeheimnisse

Es leben immer weniger hochbetagte Menschen unter uns, die den Zweiten Weltkrieg in den Knochen haben. Vor einigen Jahren, als diese Generation sich zu verabschieden begann, gab es zahlreiche Berichte von Retraumatisierungen. Nach vierzig, fünfzig, sechzig Jahren Schweigen tauchten bei den sehr alten Menschen am Ende ihres Lebens grauenvolle Erinnerungen auf. Wenn man davon ausgeht, dass nach dem Zweiten Weltkrieg in Deutschland circa eine Million Frauen von alliierten Soldaten vergewaltigt wurden … doch welche Mutter berichtet das ihren Kindern? Welche Frau hat das ihrem Ehemann erzählt, noch dazu zu einer Zeit, in der diese Schande womöglich auf sie zurückfiel? Zu einer Zeit, als Vergewaltigung in der Ehe noch nicht einmal als Straftat galt, was in Deutschland erst seit 1997 der Fall ist.

Was scheinbar weg ist, aus den Erinnerungen gelöscht, ist aber noch da. Wie bei einem Computer, dessen Papierkorb man geleert hat; Fachleute finden die Daten auf der Festplatte. Im Sterbeprozess werden wir selbst zu Fachleuten, die unser ganzes Leben beleuchten, den Strahl der Taschenlampe auch in die hintersten Kellerwinkel richten, weil wir intuitiv wissen, dass der Abschied leichter fällt, wenn der Keller leer ist.

In unserem Körper, im sogenannten Leibgedächtnis, sind unsere Traumata gespeichert. Lange verdrängte Begebenheiten wollen raus, ans Licht, damit das Sterben leichter geht. Auch das Schlimme und das Allerschlimmste, das, was man im Krieg gemacht, gesehen, erlebt hat. Man will damit niemanden belasten, schon gar nicht die eigene Familie. Da ist es gut, wenn ein fremder Mensch zuhört, wie bei der Beichte, und dieser Mensch auch noch weiß, wie Verzeihen gelingen kann.

Sterbeammen sind ausgebildet, diesen Frieden in die Wege zu leiten.

Nicht selten schließt sich der Kreis um einen sterbenden Menschen jedoch sehr eng, so als müsste ein Familiengeheimnis gehütet werden. Das kann eine Begrenzung mit sich bringen, die dem sterbenden Menschen nicht wohltut, der vor seiner bedeutendsten Prüfung steht. Denn auch wenn wir uns intensiv mit dem Tod beschäftigt haben, seit Jahren oder Jahrzehnten meditieren, so beruhen doch unser ganzes Wissen und alle Reserven, die wir uns geschaffen haben, auf der untrennbaren Einheit von Geist und Körper. Wenn diese nun aufgekündigt wird, wie wird sie dann aussehen, unsere Reise, unsere letzte Reise jenseits unseres letzten irdischen Atemzugs?

Ein sterbender Mensch kann auch ganz banale Dinge loswerden wollen. Dass, auch wenn er nicht mehr da ist, darauf geachtet werden soll, abends das Gartentürchen zu verschließen.

»Ja, Oma.«

»Und die Minka kommt nicht ins Tierheim, versprich mir das.«

»Ja, ich verspreche es.«

Es tut gut, alles zu klären und dann loszulassen. Immer leichter wird es. Immer weniger Gepäck. Da vorne am Horizont taucht er schon auf, der letzte Atem-Zug. Wie sieht er aus? Ein ICE oder eine alte Dampflok, die sich keuchend nähert? Erste Klasse, zweite Klasse oder Gepäckabteil? Oder kommen wir unter die Räder?

In der Regel erfüllen Tod und Sterben nicht unsere Wünsche. Wir haben keinen Bestellzettel ausgefüllt, wie wir es gerne hätten. Bitte leicht und schnell mit einem Schuss Sahne, aber nicht zu schwer verdaulich. Wie viele Kalorien soll Ihr Tod haben? Lieber die fettreduzierte Variante, bitte nicht zu viele Kohlenhydrate! Es ist das letzte Mal, dass wir etwas planen in diesem Leben. Aber dann ist alles ganz anders, so ähnlich wie bei einer Geburt. Die Tasche steht gepackt im Flur, doch als die Wehen einsetzen, ist man eben nicht zu Hause bei der Tasche im Flur, sondern in einem Restaurant, und dann geht es ohne Tasche in die Klinik. Oder das neue Leben beginnt in einem Taxi, weil die Hebamme, die einem zugesichert hat, dass sie ganz gewiss dabei wäre, sich auf dem Weg zur Entbindung das Bein bricht. Der Mensch denkt, Gott lenkt. Am Ende werden wir wissen, wie es gewesen sein wird. Oder auch nicht. Jeder Tod ist Vollendung: die Vollendung eines Lebens, egal, wie der Tod eingetreten ist.

Franz ist zweiundneunzig und topfit. Wenn man ihm sagt, dass er sich gut gehalten hat, strahlt er: »Das verdanke ich meinem Augenstern.« So nennt er seine Frau Maria bis heute. Sie ist fünfzehn Jahre jünger als er, und ihr Lebensmotor ist die Sorge um ihn. Seit seinem Herzinfarkt vor vierzig Jahren hat sie Angst, Franz könnte sie verlassen. Das Wort »Sterben« ist tabu wie der Tod. Es wird niemals ausgesprochen. Franz muss unsterblich sein, und das weiß er. Allmählich beginnt ihn das zu belasten. Er versucht das Unsagbare in den Alltag zu schmuggeln und scheitert. »Red keinen Schmarrn«, wird sein Anliegen abgeschmettert.

»Wie erkläre ich meiner Mutter, dass mein Vater eines Tages sterben wird?«, fragte mich die Tochter der beiden, selbst schon sechzig, die eine Ausbildung zur Sterbebegleiterin bei mir machte. In einem langen Gespräch erarbeiteten wir in diesem sehr speziellen Fall, dass sie ihre Mutter behutsam dazu führen sollte, Abschiede zu üben. Als Menschen sind wir ja von Abschieden umzingelt. Mal stirbt ein Wellensittich, dann hat die Lieblingshandtasche ein Loch, die Realität des Urlaubs (Regen) sieht anders aus als die Vorstellung (Sonne). Man wird wegen Eigenbedarfs aus der lieb gewonnenen Wohnung gekündigt oder bekommt ein neues Büro zugewiesen, das Auto ist kaputt und die Beziehung auch. Natürlich nicht bei Maria und Franz, wenngleich die beiden in der Zwischenzeit etwas schier Unvorstellbares getan haben: Sie haben eine Patientenverfügung ausgefüllt! Allerdings hat nur Franz seine unterschrieben. Maria findet nicht, dass sie sich mit ihren nicht mal achtzig Jahren schon mit solchem Zeugs beschäftigen muss.

Lass *dich* nicht im Stich

Die Sprachlosigkeit im Angesicht des Todes ist in unseren eigenen Ängsten beheimatet. Indem wir den Tod bei einem anderen Menschen sehen, sind wir damit konfrontiert, dass auch unsere Stunde einmal schlagen wird. Der oder die Sterbende erinnert uns an etwas, was uns sehr unangenehm ist, uns überfordert, schlecht draufbringt. Wir wollen nur weg, weit weg. *Sorry, du, aber Krankenhäuser sind nichts für mich.*

Manche Angehörige rutschen unruhig auf ihren um das Bett stehenden Stühlen herum und wollen nur eins: raus.

Vor allem wollen sie weg von ihrem eigenen Tod. Ins Freie. Frische Luft schnappen und nicht mehr dran denken, dass auch sie einmal so liegen könnten. Das ist ja noch weit weg, hoffen sie, überqueren die Straße und … peng. Was für ein Glück, dass der Unfall direkt am Krankenhaus passiert ist, da war gleich Hilfe da.

»Siehst du, gut, dass du mich besucht hast«, schmunzelt die Oma. »Am besten bleibst du gleich da, hier ist es am sichersten.«

Auf einmal lachen alle. Darf man das? Am Sterbebett? Ich meine: unbedingt. Und es tut unendlich gut.

Es gibt nur einen Weg, Angst zu bewältigen: stehen bleiben, der Angst ins Gesicht blicken. Meistens sieht sie dann ganz anders aus, als wir befürchtet haben. Wir haben sie ja nie richtig gesehen, wir sind immer weggelaufen. Es gibt sehr viel zu entdecken in der Angst, und danach ist alles anders, als man glaubte. Nicht selten kann man der Angst dann sogar ins Gesicht lachen. Da hat man vor etwas Riesigem, Dämonischem geschlottert. Und dann war es doch nur ein Luftballon mit einem aufgemalten bösen Gesicht … die Luft ist raus, verschrumpelt liegen ein paar Fetzen Gummihaut auf dem Boden.

Was unsere Angst angeht, führt uns der Tod an einen Scheideweg. Wir haben die Wahl, wie wir mit unserer Angst umgehen. Weglaufen oder stehen bleiben und hinschauen und sich einlassen. Es ist wie so oft im Leben, wenn wir feststellen: Wie gut, dass ich mich getraut habe! Ich hätte sooo viel verpasst!

Nun kann man seinen eigenen Tod nicht verpassen, aber man kann ihn mit guter Vorbereitung passend für das eigene Leben gestalten. Später werde ich Ihnen von einigen

Menschen erzählen, denen dies gelungen ist, auch wenn ihr Sterben kein Zuckerschlecken war. Leid und Kummer und Schmerz, das gehörte alles dazu. Auch deshalb lernen wir als Begleiter und Begleiterinnen eines sterbenden Menschen unendlich viel.

Es fängt schon beim eigenen Älterwerden an. Mit fünfzig sind wir nicht mehr so leistungsfähig wie mit zwanzig. Wenn wir die Lebensmitte überschritten haben, bauen wir nicht mehr auf, sondern ab. Irgendwann werden wir auch äußerlich sichtbar immer weniger, das Leben zieht sich zurück im Leib eines alten Menschen. So wird der vielleicht zuvor in Saft und Kraft stehende Opa schwach und schwächer. Er kann schon lange nicht mehr so, wie er wollte. Sein Radius ist immer kleiner geworden. Wie wird es sein, wenn mein eigener Radius einmal enger wird? Wenn ich auf Hilfe angewiesen bin?

So war das schon einmal: als Säugling. Damals wussten wir nicht, dass es aufwärtsgeht, wir nahmen, was kam, bitte noch mehr von der süßen Milch. Jetzt wissen wir, dass es abwärtsgeht. Vielleicht landen wir abermals bei flüssiger Nahrung. Wir tragen keine normale Kleidung mehr, sondern Schlafanzüge: Tag und Nacht nur noch im Schlafanzug. Wir liegen auf dem Rücken und sehen die Decke, immer die gleiche Decke und die Wände und ein Fenster, es wird hell, es wird dunkel, vielleicht wird es sogar Frühling. Es wird Sommer, es wird Herbst, es wird Winter, und man liegt im Bett. Schwach. Alles ist so unendlich anstrengend, sogar den Arm zu heben kostet Mühe. Der Raum, den man mit der eigenen Existenz ausfüllt, wird kleiner und kleiner. Die Körperorgane sind müde, arbeiten immer schlechter, kommen gar nicht mehr aus dem Wochenende zurück, quittieren schließlich den Dienst. Sinneswahrnehmungen verändern sich, Sehen,

Hören, Schmecken, Riechen, vielleicht auch durch Medikamente.

Die Person, die im Sterben vor uns liegt, ist nicht mehr jene, die wir ein Leben lang gekannt haben. Die sie ein Leben lang war. Das ist manchmal schwer auszuhalten. Und so kommt es zu skurrilen Situationen. »Soll ich mal den Fernseher reinrollen und wir schauen Tatort an?«, fragt der hilflose Ehemann. Tatort haben sie immer zusammen angeschaut, und seine Frau hat, das war ihm unheimlich, stets gewusst, wer der Mörder war. Aber nein, sie will nicht. Mörder interessieren sie nicht mehr. Ja, was soll er denn noch tun! Vielleicht Schokopudding, davon hat sie nie genug gekriegt, zu ihrem Leidwesen, aber jetzt ist das alles egal. Ach, wie schön war das, als sie sich noch um ihre Figur sorgte. *Bitte, iss doch ein bisschen, bitte, nur ein paar Löffelchen.*

Was bedeutet: Bitte geh nicht. Bitte bleib bei mir. Bitte lass mich nicht im Stich, verlass mich nicht. Ständig wird an der Bettdecke herumgezupft. Es kommt Besuch, und der erzählt von der Freundin des Neffen, die jetzt in Dingsbums Dingsbums studiert. Man will etwas Nettes sagen, und dann denkt man, das war das Falsche, und schämt sich. Denn das tut ihr jetzt vielleicht weh. Die Schwester und die Nichte – die bleiben voraussichtlich noch eine Weile am Leben. Auch Weihnachten werden sie noch da sein. Und Ostern und Pfingsten und wenn der Sommer kommt und den ganzen schönen bunten Herbst lang bis zum nächsten Weihnachten. Das kann wehtun. Sehr weh. Es kann aber auch egal sein. Und beides zusammen und wieder von vorne, alles geht kreuz und quer, die Ordnung ist futsch.

Der Tod ist ein heißer Brei

Viele Einsichten kommen erst im Nachhinein. Man war so beschäftigt und hat sich gar nicht in den Sterbenden hineinversetzt. Wie erging es ihm wohl … man hat gefragt, wie geht es dir, heute besser als gestern, nein, schlechter. Und innen drin? Wie fragt man nach dem scheinbar Unsagbaren?

Man besucht die Todkranke bei ihrer Familie und geht wieder heim. Man sagt »Bis morgen«, obwohl man weiß, dass dieses Morgen fraglich ist. Aber das gilt nicht nur für die Kranke, sondern auch für uns selbst. Was wir jedoch verdrängen.

Die Angehörigen wissen, dass der, der da im Bett liegt, stirbt, aber sie wagen es nicht, über das Bevorstehende zu reden. Ich weiß, dass es schwer ist, es ist vielleicht das Schwerste überhaupt, denn man muss das Alleralleraller-schrecklichste, das vollkommen Unvorstellbare aussprechen. Und das vermeidet man lieber, denn in dem Augenblick, in dem man laut sagt, was man denkt, wird es doch wahr? Es soll aber nicht wahr werden, es *darf* nicht wahr werden, denn wie, wie nur soll ich leben ohne dich?

Das wird sich zeigen. Später. Jetzt geht es um diese kostbaren letzten Augenblicke. Der Tod ist schon im Raum, hat seine Zeichen in das Antlitz des Sterbenden gemalt. Der sich erleichtert fühlt, wenn endlich gesagt wird, worum es geht, was vielleicht seit Wochen, Tagen immer bedrückender wurde im Schweigen.

Wenn wir nicht darüber sprechen, verlieren wir Zeit, und das könnten wir später sehr bedauern. Wir haben über Banalitäten geredet und so getan, als wäre alles in Ordnung.

Das alles war kostbare Zeit. Wie oft haben sich Trauernde angeklagt: Hätte ich doch nur, wäre ich doch nur … Seien Sie mutig und klug und werfen Sie einen Blick in die Zukunft, der Ihnen diese Hättes und Wäre und Wenns erspart. Viele verpasste Gelegenheiten im Leben kann man später nachholen. Vielleicht nicht mehr ganz so toll, aber immerhin, man hat noch eine Chance. Im Todesfall existiert diese Chance nicht.

Ich weiß, dass es sehr, sehr schwer ist. Aber es ist eine Erleichterung. Wenn eine Angehörige die Hand seines lieben, sterbenden Menschen nimmt und gesteht: »Ich habe schreckliche Angst davor, wie es ist, wenn du nicht mehr da sein wirst.« So kann ein Gespräch beginnen. Das Gespräch kann auch mit einer praktischen Frage beginnen: »Was soll ich denn mit dem Mercedes machen, wenn du nicht mehr da bist?« Das Gespräch kann dem Sterbenden zeigen, dass er nicht vergessen wird, auch wenn es ohne ihn weitergeht. »Ich hab jetzt mit einem Fotoalbum angefangen. Da klebe ich die schönsten Fotos von dir rein. Ganz vorne ist das, wo wir auf der Zugspitze waren, weißt du noch?«

Weißt du noch kann sehr wichtig werden. Die Fülle des gemeinsam Erlebten erinnern, die vielen schönen Momente übers Bett ausstreuen, hineingreifen, mal den einen, mal einen anderen hervorziehen: Schau, wie viel Schönes wir erlebt haben. Und weißt du noch, wie … Da tauchen auch lustige Missgeschicke auf, die man nie vergessen hat. Ja, es waren schöne Zeiten. Und weißt du noch, wie wir uns kennengelernt haben? Wir sind nun so einen langen Weg miteinander gegangen, lass uns gemeinsam zurückschauen und dankbar sein.

Solche Gespräche werden oft gemieden von den Angehörigen, weil sie verhindern wollen, dass der oder die Sterbende merkt, dass man sich verabschiedet. Ja sicher merken Sterbende das. Er oder sie weiß, worum es geht, und wünscht sich vielleicht sehnlich, dass endlich, endlich, endlich darüber gesprochen wird. Aber sie möchten ihre lieben Angehörigen ebenfalls schützen, sorgen sich um sie, sie möchten ihnen ihren Tod, der ohnehin eine Zumutung ist, so angenehm wie möglich machen. Bloß keine zusätzliche Last aufbürden. Und so sitzen zwei Unglückliche nebeneinander, halten vielleicht Händchen. Verdrücken ihre Tränen und reden aneinander vorbei – in den letzten Momenten auf Erden, in denen sie physisch miteinander verbunden sein könnten.

Eine oder einer muss beginnen. Ist es der bald Zurückbleibende oder ist es die Sterbende? Berühren Sie sich, halten Sie sich an den Händen, streicheln Sie sich, atmen Sie miteinander und öffnen Sie Ihr Herz. Trauen Sie sich, alles zu sagen, was Sie bewegt. Eine muss beginnen, und der andere folgt.

In sehr, sehr, sehr seltenen Fällen sagt ein Sterbender: »Red doch nicht so einen Blödsinn.« Er hat sich noch nicht damit abgefunden, dass er stirbt. Er hadert mit seinem Tod. Manchmal dauert das bis zum Ende. Und das ist meiner Erfahrung nach dann keines, das man sich wünscht.

Zuweilen ist es auch andersherum. Da deutet der oder die Sterbende behutsam an, dass es jetzt dann allmählich wahrscheinlich so wäre, dass das letzte Stündlein geschlagen haben könnte, und die Ehefrau oder der Ehemann will davon nichts hören: »So ein Blödsinn! Du überlebst alle, mich auch.«

Eine derartige Qual schildert Leo Tolstoi in seiner Novelle *Der Tod des Iwan Iljitsch:*

»Die Hauptqual für Iwan Iljitsch war die Lüge – jene aus irgendeinem Grunde von allen anerkannte Lüge, dass er

nur krank sei, nicht aber sterbe, und dass er sich nur ruhig halten, die Kur durchführen müsse, damit alles wieder sehr gut werde. Er aber wusste: Wir konnten tun, was wir wollten, es würde doch nichts mehr herauskommen als noch qualvollere Leiden und der Tod. Ihn quälte diese Lüge; es quälte ihn, dass man nicht eingestehen wollte, was alle wussten und was auch er wusste, und dass man ihn zwingen wollte, an dieser Lüge teilzunehmen. Die Lüge, dieser an ihm am Vorabend seines Todes verübte Betrug, die Lüge, welche dieses schreckliche, feierliche Ereignis seines Todes auf das Niveau all ihrer Besuche und Gardinen sowie des Störs zum Mittagessen herabdrücken sollte … Das war schrecklich, qualvoll für Iwan Iljitsch. Und seltsam! Er war viele Male, während sie mit ihm alle diese törichten Dinge anstellten, um ein Haar nahe daran, sie anzuschreien: So hört doch auf zu lügen, ihr wisst es, und ich weiß es, dass ich sterbe. So hört doch wenigstens auf zu lügen! Aber er hatte nie den Mut, dies zu tun.«

Mut braucht es auf beiden Seiten. Ängstlichen und zögerlichen Menschen können einfühlsame Gespräche bei der Akzeptanz und beim Annehmen des Unvermeidlichen helfen. Ich weiß, dass dies Angehörige sehr häufig überfordert. Dann holen Sie sich bitte professionelle Hilfe, es gibt zum Glück immer mehr Sterbeammen und Sterbebegleiterinnen. Sie wissen, was zu tun ist. Meine Erfahrung ist, dass Menschen leichter sterben, wenn sie ihre unerledigten Dinge erledigt haben und die Gespräche geführt haben, die Worte gesagt haben, die sich vielleicht vorher über Jahre, Jahrzehnte in ihnen aufgestaut haben. Womöglich verdrehen Sie jetzt die Augen, weil ich das schon mehrfach gesagt habe. Kurioserweise tauchen aber immer mal wieder neue unerledigte Dinge auf. Man kann es nicht oft genug sagen.

Letztlich ist es, als wollten wir verreisen. Wir räumen die Wohnung auf, weil wir, wenn wir zurückkommen, nicht mit dem Aufräumen beginnen wollen. Es lässt sich leichter fortfahren, wenn zu Hause alles erledigt ist. Aber es kann oberflächlich ordentlich sein oder richtig ordentlich. Man kann auch noch mal mit dem Besen durchgehen und Spinnweben hinter dem Sofa entfernen. Und genauso ist es vor der letzten Reise, die wir antreten. Das letzte große Loslassen, das wir genau genommen ein Leben lang üben, stellt sich am Ende des Lebens als großes Los heraus!

Das große Los

Krisenmanagement kann man studieren. Auch Elitesoldaten haben gelernt, mit Horrorszenarien umzugehen. Kampfsportler können sich ohne Schockstarre verteidigen. Alles, was wir trainieren, wird zu einem routinierten Ablauf. Nun kann man nicht behaupten, dass man den Tod wie einen Muskel trainieren und Routine im Sterben entwickeln kann, außer, man hält bewusste Reinkarnationszyklen für möglich. Dennoch können wir eine sehr wichtige Fähigkeit trainieren, die wir beim Sterben brauchen: das Loslassen.

Ich mag das Wort nicht. Es klingt viel zu einfach. Und es ist meistens an das andere Unwort gekoppelt. Müssen. *Du musst loslassen. Das muss ich jetzt wohl mal loslassen.* Loslassen ist keine Erfindung des Sterbens. Wir lassen ständig los. Von Vorstellungen über Winde bis hin zu abgetragenen Kleidern. Die Katze kommt nicht mehr heim. Das Handy gibt seinen Geist auf, oh, ja, den Geist, das wollte ich schon immer mal loslassen. Das Auto muss weg, und die Nachbarin zieht weg, die Lieblingstasse fällt zu Boden, eine Freundschaft endet. Auch das ist ein Loslassen. Von Anbeginn an lassen wir los. Wenn wir uns das einmal bewusst machen, von der leer gequetschten Zahnpastatube bis zum toten Hund, zu Hobbys, Berufen, ja auch körperlichen Fähigkeiten und Gesundheit, die wir aufgeben müssen, erkennen wir, dass wir es schon lange üben. Und dass am Ende das ganz große Loslassen geschieht.

Man kann sich dagegen auflehnen. Zumindest gegen die kleinen Gelegenheiten. Man kann mit sechzig noch genauso aussehen wollen wie mit dreißig und immer dasselbe Auto fahren und die Lieblingstasse kleben und alten Freunden treu bleiben. Man kann als Sammlerin zum Festhalten neigen, auf Meinungen beharren und an seinem Gewicht festhalten. Aber am Ende muss man alles loslassen. Das ist das Los eines jeden Menschen.

Die letzten Worte

Die letzten Worte ihres Mannes bei diesem Krankenhausbesuch hat Elisabeth nach jedem Besuch in der Klinik vor sich hin gemurmelt. Damit sie sie bloß nicht vergisst. Denn wenn der Hermann heute Nacht sterben würde, wären das seine letzten Worte.

Goethe soll gesagt haben: »Mehr Licht.« Aber das war ja ein Dichter, kein Dachdecker, wobei der Hermann schon auch hat dichten können, nicht bloß Fugen, und wie! Keine Geburtstagsfeier ohne ein Gedicht von ihm, von vorne bis hinten gereimt und nicht Herz auf Schmerz, sondern passgenau, so, wie er auch seine Ziegel verlegte. Es wäre schön, wenn der Hermann auch für sich selbst noch ein paar letzte Worte hätte, die Elisabeth dann wiederholen könnte: Das hat er als Letztes gesagt, könnte sie dann denken. Vielleicht auch etwas zum Schmunzeln wie Humphrey Bogart, der die Erkenntnis mitteilte: »Ich hätte nie von Scotch auf Martini umsteigen sollen.«

Aber Hermann redet fast nichts mehr, und deshalb muss Elisabeth dauernd reden, sich den Mund fusselig reden, und wenn sie heimfährt, hat sie das Gefühl, sie wäre gar nicht richtig bei Hermann gewesen, obwohl sie doch vier Stunden, die ganze Besuchszeit, geblieben ist. Das macht sie traurig. Alles ist so unendlich traurig. Und sie ist sehr allein damit.

Hermann ist traurig und allein. Er ist traurig, dass Elisabeth gegangen ist. Aber er ist auch froh. Denn es ist so anstrengend, wenn sie dauernd redet. Eigentlich redet sie sich weg von ihm. Aber wie soll er ihr das sagen? Sie ist noch immer die Liebe seines Lebens, und es wäre schön, wenn er ihr das sagen könnte, aber er findet keinen Platz für die Wörter, weil es ihm so schwerfällt, sie aus der wunden Kehle zu bringen, und wenn er tief Luft holt, schaut Elisabeth ihn ängstlich an oder fragt: »Soll ich die Schwester holen?«

Schön wäre es, sie würde einfach nur da sein. Ruhig sein. Mit ihm sein. Hermann ist so müde … lebensmüde. Ein Leben lang hat er gebuckelt, und jetzt möchte er am liebsten nur noch ausruhen. Alles ist so unendlich anstrengend. Er könnte nicht mal mehr den Hammer heben. Aber die Elisabeth, die wird er lieben bis zu seinem letzten Atemzug und darüber hinaus, für immer, wie der Pfarrer das damals gesagt hat: Bis der Tod euch scheidet.

Das und noch viel mehr lese ich in Hermanns Augen.

Sein Arbeitskollege, ein Bekannter meines Mannes, hat mich gefragt, ob ich mal nach Hermann schauen könnte. Als Elisabeth zur Toilette geht, frage ich ihn, ob ich die Lage richtig beurteile. Er nickt.

Zwei Tage später übersetze ich seine Ablehnung einer weiteren Chemotherapie. Behutsam erkläre ich Elisabeth, dass Hermann darum bittet, seine Qualen nicht zu verlängern. Dass er findet, er hatte ein sehr schönes Leben mit Elisabeth und den Kindern. Dass er im Frieden ist. Sein Haus ist jetzt fertig gedeckt. Kein einziger Ziegel fehlt mehr.

Im Bett nickt Hermann zustimmend.

»Kein einziger Ziegel fehlt mehr!«, ruft Elisabeth, und ich erfahre erst viel später, dass das die letzten Worte sind, mit denen auch sie ihren Frieden machen kann. Denn Hermann war immer ein Dachdecker mit Leib und Seele, und wenn ein Haus fertig ist, dann kann man einziehen. Es ist, als würde er meine Rückendeckung brauchen. Mühsam formuliert er: »Ich kann nicht mehr. Bitte, sei mir nicht böse. Ich möchte einfach nur in Ruhe gelassen werden. Ich möchte nicht so viel reden müssen. Es ist schön, dass du da bist. Dass du mich in dieser schwersten Zeit meines Lebens nicht allein lässt. Auch die Kinder. Ich bin so müde.« Und dann schläft er ein; auch die Medikamente machen ihn müde.

Es freut mich für Elisabeth, dass Hermann ihr das selbst noch sagen konnte. Die Möglichkeiten eines sterbenden Menschen sind manchmal sehr eingeschränkt. Oder er sagt nicht, was er eigentlich möchte, weil er niemanden verletzen will. Aber er schaut mich an, und ich lese aus seinem Blick gelegentlich auch eine Aufforderung: »Hilf mir. Erklär es ihnen. Ich will nicht mehr kämpfen. Ich will, dass es aufhört. Sag meiner Familie, dass es in Ordnung ist. Dass sie still sein sollen. Es macht nichts, dass sie nichts tun können. Und sie sollen nicht dauernd an der Bettdecke herumzupfen und mich fragen, ob ich was trinken will. Es ist schön, dass sie da sind. Das ist alles, was ich mir wünsche.«

Ich nicke und bitte mein Schutzwesen an meine Seite und um Führung. Und dann sage ich in Abstimmung mit dem Sterbenden, dessen Augen mir aufmerksam folgen, der mir genau zuhört, was ich empfangen habe. Was ich sagen soll. Was ja alle wissen. Doch es zu wissen und es zu sagen ist zweierlei. Es gibt hier keine vorgefertigten Sätze. Jeder Mensch ist einzigartig.

Aus Angst vor dem eigenen Tod vermeiden es nicht wenige Menschen, sich in einen Sterbenden hineinzuversetzen. Was aber wichtig wäre, da der Sterbende nicht mehr die Kraft hat, seine Bedürfnisse klar zu äußern, vor allem, wenn er Widerstand überwinden müsste. Er liegt im Bett, schwach, vielleicht selbst ängstlich. Alles, was er sich wünscht, ist Beistand, tiefer, aufrichtiger Beistand. Stattdessen wird um sein Bett herum ein regelrechter Zirkus veranstaltet. Er hat nicht die Kraft, die Besucher vor die Tür zu setzen oder zu sagen: »Jetzt seid mal ruhig.« Er muss es aushalten, und das macht alles noch schlimmer.

Dieses Schlimme wollen sich viele Menschen nicht vorstellen. Gelegentlich erkläre ich es mit einer Erkrankung: »Angenommen, du erhältst eine Krebsdiagnose. Das trifft dich wie ein Blitz, du befindest dich in einem totalen Ausnahmezustand. Es gilt nun, um dein Leben zu kämpfen. Du brauchst alle deine Kräfte, deinen Mut, deinen Verstand, deine Ressourcen, um die für dich richtige Behandlungsmethode zu finden. Gleichzeitig warst du noch nie in deinem Leben so schwach und ängstlich, ja geradezu gelähmt. Und dann reden alle auf dich ein und machen dich immer konfuser.«

Der gute Stand, den wir in einer Extremsituation brauchen, entsteht nicht mit einem Fingerschnippen. Krankheiten, Krisen und am Ende den eigenen Tod gut zu »meistern«, dafür bedarf es einer Vorbereitung. Doch wir haben ja schließlich unser Leben lang Zeit dafür. *Es ist noch kein Meister in den Himmel gefallen* ist der Titel eines empfehlenswerten Buches von Stephan Schwarz, der sich dem Tod aus buddhistischer Sicht nähert und uns im Westen sozusagen eine Gebrauchsanleitung für das Sterben gibt. Mir persönlich ist es egal, woran jemand »glaubt«, aber ich weiß, wie wichtig es ist, dass man in seinem Leben gut verwurzelt ist, was eine wesentliche Voraussetzung für die Verbindung in die geistige Welt ist.

Es ist deutlich einfacher, ein schweres Schicksal anzunehmen, wenn wir überzeugt davon sind, dass unsere Seele die Erfahrungen und Lektionen auswählt, die sie braucht, um zu lernen und zu wachsen. Wann immer wir uns in einer schwierigen Situation befinden oder glauben, unser Leben nicht länger ertragen zu können, weil es einfach nur schrecklich ist, gerade dann sollten wir uns vergegenwärtigen, dass wir all das selbst bestimmt haben. Nichts geschieht willkürlich, alles folgt einem höheren Plan, an dem wir maßgeblich mitgewirkt haben.

Wie tröstend wäre es, wenn wir allumfassend begreifen würden, dass wir einen physischen Körper haben, aber nicht dieser physische Körper *sind.* Wir reden zwar so, wir sagen: Ich habe Husten, so als gäbe es ein Ich und das hat etwas, nämlich Husten oder Krebs. Doch diese Sichtweise hat uns nicht durchdrungen, vor allem nicht, wenn wir Schmerzen haben. Dann schrumpfen auch gestandende Mannsbilder und bestehen nur noch aus Zahnweh.

Übrigens habe ich gerade bei Zahnschmerzen faszinierende Erfahrungen gemacht. So brauche ich bei der Zahnärztin keine Spritze. Ich ziehe meine Aufmerksamkeit aus meinem physischen Körper und merke gar nicht, was ihm widerfährt, weil ich mit meinem Schutzwesen auf meiner Wiese bin. Und wenn alles fertig ist, komme ich wieder zurück. Ich war schon so oft auf meiner Wiese, wie ich diesen inneren Zufluchtsort nenne, dass es schon fast per Fingerschnippen klappt.

Wenn wir der Tatsache ins Auge sehen, dass das Sterben eines anderen Menschen unser eigenes vorwegnimmt, sind wir ziemlich mutig und können uns bewusst damit auseinandersetzen. Und wir können uns darauf vorbereiten, dass wir in Zukunft ohne diesen Menschen leben werden, außer natürlich, es handelt sich um einen plötzlichen Tod, was die Angehörigen vor noch ganz andere Herausforderungen stellt. Zwar wünschen sich die meisten Menschen einen plötzlichen Tod, doch für die Angehörigen ist dies oft viel schwerer zu verkraften als ein angekündigter Tod.

Bei der Vorstellung, in absehbarer Zeit ohne diesen lieben Menschen zu leben, schwingt natürlich eine gehörige Portion Egoismus mit, der die Angehörigen in manchen Fällen blind macht für die Bedürfnisse des oder der Sterbenden. Er oder sie soll bleiben, weil es für die anderen dann einfacher ist.

Gewiss ist es nicht leicht, in einer so schwierigen Situation über den eigenen Tellerrand hinauszublicken. Manchmal helfen sogar die Sterbenden dabei, wenn sie die Bleibenden trösten und ihnen Mut machen: Du schaffst das auch ohne mich.

Ich mach mich vom Acker

Unvergessen ist mir eine ältere Dame, die ich im Altenheim kennenlernte, wo ich gelegentlich als Clownin unterwegs bin. Dieses Engagement entstand durch Zufall, ich selbst wäre gar nicht auf die Idee gekommen, doch die Leiterin eines Altenheims fragte mich, ob ich mal ein bisschen Lachen mitbringen könnte. Zuerst ohne Ausbildung, später mit, ging ich, ausgestattet mit einer roten Pappnase, der Gitarre und einem Kinderwagen von Zimmer zu Zimmer. Verblüffend ist es, dass nicht nur die Bewohner sofort auf die rote Nase reagieren, sondern ich selbst auch. Ich ziehe sie auf, und die Verhaltensregeln, die man Erwachsenen zuschreibt, gelten nicht mehr. Das hat mir schon während der Ausbildung sehr gut gefallen. Die ältere Dame, von der ich hier erzählen will, lag schweigend und starr in ihrem Bett, spitz die Nase. Laut der Stationsschwester hatte sie seit Tagen nicht gesprochen. Man rechnete sehr bald mit ihrem Ableben. Um ihr Bett saßen ihre Kinder, Tochter und Sohn, und vier pubertierende Enkel. Die Stimmung war zum Heulen. Fast wäre meine Clownsnase blass geworden. Doch zum Glück hatte ich Susi, meine Therapiehandpuppe dabei. Ich nahm sie aus dem Kinderwagen, ging mit ihr zu der alten Dame, und Susi fragte sie: »Na, machst du dich jetzt vom Acker?«

Der Schock, den dieser freche Satz von Susi verursachte und für den ich wirklich, ich schwöre, nichts konnte, war spürbar. Vorher war es schon still gewesen in dieser lähmenden Atmosphäre, jetzt wurde es totenstill. Bis die ältere Dame den Mund öffnete, tief einatmete und dann glucksend zu lachen begann, und zwar bald so heftig, dass das Bett bebte, obwohl sie ein zierliches Persönchen war. Die Angehörigen sprangen auf. »Oma!« – »Mama!« Doch sie war mit Lachen beschäftigt und schließlich lachten die Angehörigen mit, zuerst verlegen, dann richtig. Ich glaube, wir haben fünf Minuten gebraucht, bis wir die Lähmung weggelacht hatten. Immer wieder kicherte die alte Dame »Ja, ich mach mich vom Acker. Ich mach mich jetzt vom Acker. Genau das mach ich jetzt dann.«

Letztlich waren die Angehörigen so angetan von meinem unkonventionellen Eingreifen, dass sie mich baten, auf der Beerdigung ein Lied zu singen. Ich wählte eines aus, von dem ich sicher bin, es hätte der humorvollen alten Dame gefallen.

Dreckige Füß

Mutter hat scho g'sagt
Kind, wasch dir deine Füß
sonst kriegst von den anderen keine Grüß
I pfeif auf die anderen, der Dreck bleibt dran
weil ich so viel freier laufen kann.
Doch dann isses so weit
es läuft ab meine Erdenszeit
ich flieg in den Himmel hinauf
und der Petrus macht mir dort auf

Nackt, nackt, nackt an der Himmelstür.
Petrus sagt, mir graust's vor dir
deine Füß, Frau, wasch sie dir
mit dreckerte Füß kommst net durch die Himmelstür.
Nackt, nackt, nackt an der Himmelstür
Petrus sagt, was traust du dir
des passt nicht zueinand
dreckerte Füß und a Engelsg'wand

Mei, dann nehm ich halt mein altes G'wand
und ich flieg zurück ins scheene Bayernland
da lauf ich dann barfuß durch den Dreck
Leut, ich sag euch, den wasch ich nie mehr weg,
denn ich hab koa Lust auf so eine Himmelstür
setzt mich lieber davor mit einer Maß Bier
schau die saubernen Leut an, wie sie's einidruckt
und trink no ein, zwei, drei, vier, fünf, sechs, sieben, acht
Schluck

Hey Petrus, was bildest du dir ein
meinst du wirklich alle woll'n zu dir nei
na ich lieb mei liederliches dreckerts Leb'n
und werd durch diese Himmelstür einfach net gehen

So einfach ist es also mit dem ewigen Leb'n
hast dreckerte Füß
dann brauchst du net gehen
durch die verreckte Himmelstür
doch sagn's net weiter
sonst bleib'n viel zu viel hier

Gerade weil Angehörige sich häufig wie unter einer Glasglocke fühlen, tut es so gut, wenn von draußen frischer Wind hereinkommt. Es wäre eine Überforderung, wenn man von traurigen Angehörigen verlangen würde, dass sie Schwung in die Bude bringen. Was sie jedoch tun können, ist basale Stimulation: über die Sinne kommunizieren, weil die Wahrnehmung der Kranken und Sterbenden eingeschränkt ist, wie wir es oft auch bei an Demenz und Alzheimer Erkrankten sehen. Mit der basalen Stimulation werden die Sinne angeregt durch Berührungen, Gerüche und Musik. Leider haben viele Menschen Scheu davor, alte, kranke und sterbende Menschen zu berühren; ja, sie ekeln sich sogar vor ihnen. Doch wenn man sich vorstellt, man selbst wäre in dieser Lage … Man kann ja nichts dafür, wenn die Haut alt und welk und voller Lebensflecken, Leberflecken ist. Dennoch spürt sie, egal wie sie aussehen mag. Und die Nase kann noch riechen, auch wenn sie sich im Laufe der Jahrzehnte in einen Zinken verwandelt hat, riesengroß wie die Ohren, die noch hören können. Es ist ganz einfach: Alles, was einem Säugling gefällt, gefällt auch einem sterbenden Menschen. Und es tut beiden gut. Demjenigen, der Berührung spendet, und demjenigen, der sie empfängt. Öffnen Sie Ihr Herz, und Sie werden spüren, was sich der sterbende Mensch wünscht. Sanftes Streicheln oder eine Massage mit duftendem Körperöl oder warme Hände, auf eine schmerzende Stelle gelegt … Es tut gut … beiden. Wir können den Tod nicht verhindern, doch wir können ihn sanft betten in das Kissen der basalen Stimulation – eine Wohltat für beide Seiten. So sehen wir, dass nicht nur die Bleibenden viel zu geben haben im Angesicht des Todes, sondern auch die Gehenden. Für mich waren und sind die Menschen, die ich begleiten durfte, Lehrmeister*innen. Dass ich heute als Sterbekabarettistin auf der Bühne stehe, verdanke ich nicht zuletzt auch ihnen.

Leben ist eine Kunst

… vor allem, wenn man viele K miteinander verbinden möchte wie Kinder, Kreativität und Karriere. Bei mir bestand der Spagat abgesehen von drei Kindern zwischen Klinik und Kabarett. Es begann mit K wie Klavier und führte mich als Erstes in die Kleinkunst.

Mein Vater wollte, dass ich Klavier spiele, wie es sich für eine Bankdirektorstochter ziemte, und wenn ich mich verspielte, schlug er mir mit einem Lineal auf die Finger, was meine Zuneigung zu Tasteninstrumenten für ein paar Jahre trübte. Heute sind wir wieder dicke Freunde, das Klavier und ich. Dennoch war das Instrument meiner Wahl die Gitarre. Meine Oma erbarmte sich und schenkte mir eine. In der Pubertät fügte ich selbst geschriebene Gedichte hinzu, meistens aus Liebeskummer, und vertonte sie. Dass ich eines Tages als Musikerin und Kabarettistin auf der Bühne stehen sollte, hätte ich nicht für möglich gehalten – obwohl ich es mir wünschte. Doch mir fehlte das Selbstbewusstsein, da ich am Maßstab meines Vaters regelmäßig scheiterte. Auch diesen Kummer verarbeitete ich mit meiner Lyrik, typisch Pubertät.

Ein sehr lieber Freund überredete mich, ich weiß bis heute nicht, wie er das schaffte, beim Abiball sozusagen als Vorband des Top Acts ein paar Songs zu präsentieren. Vermutlich bin ich x-mal gestorben, aber irgendwie schaffte ich es auf die Bühne und sang meine Songs. Als ich mein Repertoire gespielt hatte, musste ich wieder von vorne anfangen, so viele Zugaben wurden verlangt. Ich war wie im Rausch. Was für ein Gefühl: beklatscht werden anstatt bevormundet. Die Leute fanden gut, was ich vortrug! Keiner schlug mir mit dem Lineal auf die Hände, keiner behauptete, ich könnte nichts und aus mir würde nichts werden. Die wollten mehr von mir, genauso, wie ich war! Und ich wollte auch mehr von diesem Erfolg. Alles fügte sich wie von selbst. Auftrittsmöglichkeiten wurden mir angeboten, mal vor ein paar Dutzend Leuten, aber auch bei Hardrock-Open-Airs, wo ich, kleine Frau mit Gitarre, als Liedermacherin zwischen Riesenboxen auf der Bühne stand. Irgendwie war das damals in, nachdem Tracy Chapman allein mit ihrer akustischen Gitarre in London beim Konzert zu Nelson Mandelas siebzigstem Geburtstag Millionen Menschen verzaubert hatte. Eigentlich war sie nur als Pausenfüllerin geplant – und dann wurde daraus der Beginn einer internationalen Karriere.

Dass ich so etwas vermutlich nicht schaffen würde, war mir klar. Erstens hatte ich bloß einen Wuschelkopf, keine so schönen Dreadlocks wie Tracy. Zweitens wollte ich Krankenschwester bleiben, diesen Beruf liebte ich nämlich auch. Drittens sang ich auf Deutsch. Das waren zu viele Hindernisse für eine Weltkarriere, dachte ich. Es klang auch besser, als zuzugeben, dass mir das Künstlerdasein zu unsicher gewesen wäre. Schon allein durch meine Erziehung war mir die sichere Bank wichtig.

Als ich mit Anfang zwanzig nach München zog, boten sich neue Auftrittsmöglichkeiten. Nach meinen Diensten im Schwabinger Krankenhaus eroberte ich diverse Kleinkunstbühnen, die später alle gestorben sind. Auf die Bühne zu gehen war jedes Mal eine Mutprobe. Ich hatte schreckliches Lampenfieber und war danach überglücklich, es geschafft zu haben. Ich liebte den Applaus des Publikums, der mir zeigte, dass den Leuten gefiel, was ich machte. Aber nicht allen. Eines Tages saß der damals in Bayern sehr bekannte Liedermacher Fredl Fesl am Rand der Bühne. Nach dem Konzert nahm er kein Notenblatt vor den Mund. »Mädl«, sagte er. »Dei Stimm is supa. Aba deine Texte san scheiße.« Ich stand zu dieser Zeit voll und ganz in der Tradition der Protestsänger. Er erklärte mir, dass sich die Leute, wenn sie ausgehen, amüsieren wollen. »Nicht immer gegen alles sein, Atomkraft und Politik und Wettrüsten«, riet er mir. »Die Leut' wollen lachen«, sagte der Fredl, den ich sehr bewunderte, vor allem wegen seiner Texte. »Mach doch mal was Lustiges!«, gab er mir mit auf meinen weiteren Weg.

Bis ich diesen Rat beherzigte, dauerte es viele Jahre. Erstens wollte ich nur meine eigenen Lieder singen, und in denen refrainte nichts Lustiges, sondern häufig Weltschmerz. Ein Kabarettprogramm muss auch reifen. Zweitens verliebte ich mich in einen Zauberer, mit dem ich das Zaubermusische Theater in München gründete. Wir vertonten unter anderem *Siddhartha* von Hermann Hesse, es war zwar stellenweise ein bisschen lustig, aber gewiss nicht so, wie Fredl Fesl es gemeint hatte. Dann wurde ich Mutter, erst einmal, dann zweimal, dann dreimal. Nach der Geburt meines ersten Sohnes, Michael, arbeitete ich im Nachtdienst weiter im Schwabinger Krankenhaus: in der Infektionsabteilung und später in der Onkologie. Nach der Geburt meines zweiten Sohnes Alexander zogen wir nach Parsberg, und als meine Tochter Miriam drei Jahre alt war, arbeitete ich am hiesigen Krankenhaus wieder als Krankenschwester. Nur zu Hause zu sein wäre mir langweilig gewesen.

Ich hatte so viel Energie, dass ich mich auch wieder auf die Musik stürzte. Nach einem kurzen Ausflug in eine Rockband gründete ich mit einer Bekannten aus dem Kindergarten die Pertussis. Claudia hatte einen Auftritt meiner Rockband gesehen und sprach mich vor dem Sandkasten an, als wir unsere Kinder abholten.

»Hast Lust, mit mir Musik zu machen?«
»Was spielst denn?«, erkundigte ich mich.
»Bass und Schlagzeug, und singen kann ich auch.«
Das war eine Ansage! Sie kam zur rechten Zeit, denn in meiner Rockband fühlte ich mich nicht mehr wohl. Zu viele Machos gaben den Takt an. Mit Claudia einigte ich mich auf Latin Pop. Diese toughe und sehr gut vernetzte Frau und Musikerin inspirierte mich, und die Auftritte fielen uns geradezu in den Schoß. Besonders unsere Wortwechsel zwischen den Songs gefielen dem Publikum. Also nicht, dass unsere Songs nicht auch gut angekommen wären, aber wir merkten, dass unser spontanes Geplänkel über Gott und die Welt, das aus Verlegenheit entstanden war, weil ich einmal eine Gitarrensaite wechseln musste, die Leute mitriss und zum Lachen brachte. Uns machte es auch großen Spaß, und so entschieden wir nach einer Weile, ein Kabarettprogramm auf die Beine zu stellen. Das war unser Durchbruch. Claudia hatte vier Kinder und war in Elternzeit. Bei mir hielt zu Hause mein Mann die Stellung. Er selbst hatte alle künstlerischen Ambitionen aufgegeben, fand es aber gut, dass die Bühne weiterhin Teil unserer Familie blieb, und wollte mir nicht im Weg stehen. Er war mit der Zeit recht bequem geworden, hatte es am liebsten gemütlich, wollte nicht mehr fortgehen. Er arbeitete im Außendienst und genoss die Tage zu Hause. Wir waren ein Spitzenteam, wenn auch kein glückliches Paar. Da Claudia und ich meistens Freitag, Samstag, Sonntag auftraten, klappte die Kinderbetreuung gut, und falls wir einen Auftritt unter der Woche hatten, war ich mit anderen Müttern bestens vernetzt, sodass die Kinder immer gut untergebracht waren. Sie waren ja auch schon größer und daran gewöhnt, dass ihre Eltern berufstätig waren. So hatte ich alles prima organisiert, aber es war natürlich mehr als ein

Spagat. Ich habe mich nicht nur zwei-, sondern mindestens viergeteilt.

Nach einer Weile holten Claudia und ich uns eine Pianistin in die Band und schließlich noch eine Sängerin.

Wir wechselten die Besetzung noch einige Male, sammelten Erfahrungen, tourten durch die Lande, und am Ende waren wir wieder zu zweit, Claudia und ich. Und dann ging es erst richtig los. Die Bühnen wurden immer größer, wir wurden so oft gebucht, dass ich nicht mehr im Krankenhaus arbeiten konnte. Das war mir aus vielerlei Gründen auch sehr recht. Der Dienst hatte sich stark verändert. Ich empfand es so, als würde er entmenschlicht. Zeit, die ich gern meinen Patient*innen gewidmet hätte, verbrachte ich mit der Dokumentation. Wir waren chronisch unterbesetzt. Ich muss das an dieser Stelle nicht ausführlich beschreiben. Der Pflegenotstand, mit Corona ein Dauerthema, wird seit Jahrzehnten auf dem Rücken des Pflegepersonals ausgetragen. Man kann Menschen nicht nur mit Geld zufriedenstellen. Wer in der Pflege arbeitet, hat in der Regel auch eine soziale Ader, die er mit dieser Berufswahl zum Pulsieren bringen will. Wenn aber genau dieses Motiv wegrationalisiert wird und man von morgens bis abends nur noch am Rennen ist, und zwar so drastisch, dass man Gefahr läuft, nierenkrank zu werden, weil man nicht mal die Zeit findet, zur Toilette zu gehen, geschweige denn viel mehr als »Grüß Gott« in einem Patientenzimmer zu sagen … und jeden Tag Überstunden macht, weil die Verantwortung auf die am Ende der Schlange gedrückt wird, also auf die Pflegerinnen und Pfleger, die dann nicht heimgehen, auch wenn ihre Familien zu Hause warten, weil noch so unendlich viel zu tun ist … und empathisch sind sie ja, auch gegenüber ihren Kolleginnen, und sie wissen, dass die Nachtschwester das nie und nimmer schafft, wenn sie nicht noch ein bisschen vorarbeiten, und so weiter und so weiter, tagaus, tagein.

Sie merken schon, hier besteht Handlungs- und Redebedarf, und so gab es auch die eine oder andere Nummer in unserem Kabarettprogramm, die sich aus meinen Erfahrungen im Krankenhaus speiste.

Vier Jahre lang pausierte ich als Pflegerin und tourte in dieser Zeit professionell durch die Lande. Claudia und ich beschäftigten mittlerweile ein Management, wir hätten keine Zeit gehabt, das auch noch zu wuppen, ich hatte die Dokumentation sozusagen abgegeben und widmete mich ausschließlich der Praxis.

Diese vier Jahre haben mich sehr verändert. In gewisser Weise bin ich bei mir selbst angekommen, ich bin auch viel selbstbewusster geworden, klar, als Hascherl kannst du nicht auf der Bühne stehen. Ich entdeckte die Rampensau in mir und schämte mich nicht, sondern genoss es. Es war herrlich, dass ich nicht mehr so zerrissen war, sondern nun ganz auf dieses Pferd Bühne setzen konnte, ohne die Klinik im Nacken. Claudia, sie war Lehrerin, hatte sich für einige Jahre freistellen lassen, bei ihr war das relativ einfach gewesen. Ich hatte tagsüber nun öfter Zeit, unternahm viel mit den Kindern und machte eine Ausbildung zur Heilpraktikerin in Psychotherapie. Im Grunde lernte ich die Theorie zu vielem, was ich in der Kommunikation in den Jahren im Krankenhaus bei kranken und sterbenden Patienten bereits angewendet hatte, doch meine Fähigkeiten waren unbewusst gewesen. Nun fand ich zu einer bewussten Kompetenz und lernte, wie ich Menschen konkret helfen konnte. Im Rückblick staunte ich, wie oft ich in der Klinik wohl etwas richtig gemacht hatte.

Es war wunderbar, mit Claudia nach so vielen Jahren als Amateurin nun auch professionell auf der Bühne zu stehen, doch nach vier Jahren fiel uns nichts Neues mehr ein. Künstlerisch war die Luft raus. Manchmal hatte ich sogar das Gefühl, ich ging auf die Bühne, wie ich früher meinen Dienst im Krankenhaus angetreten hatte. So beschlossen wir, uns zu trennen. Einen letzten großen Auftritt wollten wir noch spielen und dann, nach insgesamt sechzehn Jahren: ade, Pertussis, ausgetussit.

Auf der Fahrt zum Auftritt gedachten Claudia und ich noch einmal der vielen Stationen auf unserem Weg, und da fiel uns auch der Oberarzt ein, der uns einmal aufgeklärt hatte, dass wir unserem Publikum etwas husten würden. Pertussis ist nämlich die lateinische Bezeichnung für Keuchhusten. Für uns war der Name die Verbindung von Percussion und Tussi gewesen.

Als wir in dem Theater unseres Abschiedskonzerts ankamen, trafen wir einen konfusen Veranstalter. Am Vortag war seine Zwillingsschwester tödlich verunglückt. Anstatt mich auf den Auftritt vorzubereiten, sprach ich mit dem Veranstalter. Ohne es bewusst zu steuern, verband ich zum ersten Mal meine Intuition mit meinen zertifizierten Fähigkeiten als Heilpraktikerin in Psychotherapie. In gewisser Weise war dieser Mann mein erster Klient im neuen Leben. Und er machte mir ein sehr großes Geschenk. Am Ende bedankte er sich nämlich und sagte: »Du hast so eine wunderbare Art, mit dem Tod umzugehen. Es ist mitfühlend, tief, es ist aber auch leicht und ja, humorvoll, ohne verletzend zu sein. Es ist eigentlich genau das, was die Leute brauchen, um sich zu trauen, dem Tod ins Auge zu sehen.« Beim Abschied schenkte er mir ein Samenkorn: »Mach doch mal ein Kabarett rund um den Tod!«

»Ja, ja«, sagte ich so dahin, während etwas in mir wie ein Wackeldackel nickte. Doch ich deckelte es mit vielen Ja-Abers. Tod und Kabarett, wie sollte denn das gehen, das vertrug sich nicht, das wäre pietätlos, nein, das war unmöglich.

Heute stehe ich auf der Bühne und lasse es auf Teufel komm raus krachen. Manche Gesichter im Publikum schauen anfangs sehr skeptisch, zurückhaltend, erschrocken. Doch am Ende fühle ich mich manchmal wie bei einem Rockkonzert. Da wird getobt und geklatscht und mit den Füßen getrampelt. Der Tod hat seinen Schrecken verloren, und ich glaube, dass das anhält, nicht nur während der zwei Stunden, die die Vorstellung dauert. Ich glaube, dass ich dieses Samenkorn, das der Veranstalter mir damals geschenkt hat, weitergeben darf und dass es die Menschen mit nach Hause tragen. Sie haben dem Tod ins Gesicht gelacht. Sie haben Anregungen bekommen. Sie waren miteinander verbunden in der Unabänderlichkeit, dass wir alle eines Tages sterben, unser Leben mit dem Tod vollenden werden. Und sie haben gemeinsam gelacht. Es ist ein bisschen leichter geworden und vielleicht … ist man sogar ein klein wenig neugierig!

Und man hat auch etwas gelernt. Das wäre mir ein Herzensanliegen.

Highway to Hell

Zu Beginn dieses Buches habe ich Sie gefragt, welchen Lebensfilm Sie am Ende Ihres Lebens sehen möchten. Jetzt frage ich nach der Filmmusik. Auch sie liegt in unseren

Händen. In unseren ersten Lebensjahren sind wir beeinflusst vom Rhythmus unserer Eltern. Nach und nach finden wir unsere eigenen Melodien, Moll und Dur, harmonisch und schräg, wir lernen Rhythmuswechsel zu schätzen und bekommen ein Gefühl dafür, wann ein Largo, ein Allegro, ein Moderato und Presto guttut in der Dramaturgie unserer Komposition. Es gibt sieben Töne und sieben Halbtonschritte. Aus diesen Bausteinen entstehen die Tonleitern mit verschiedenen Vorzeichen. Ein Mensch mag aus diesem Fundus ein einfaches Kinderlied komponieren, ein anderer ein meditatives Mantra, wieder ein anderer eine groovende Rocknummer oder ein samtiges Jazzstück. Alles ist möglich, und jedes Lebenslied klingt anders. Es hängt davon ab, wie wir die Notenwerte setzen, mischen, wie wir sie verbinden oder trennen, wie wir sie betonen. Und so, wie unser Lebenslied klingt, wird auch der Schlussakkord sein.

Oder kann man da noch ein bisschen was umstimmen? Ja, ein bisschen. Aber bitte immer im Einklang mit dem Sterbebegleitungsprinzip:

- Sei ruhig und entspannt durch gute Vorbereitung und lass den Sterbenden führen, sonst machst du ihn klein.
- Stell dein Ego in die Ecke.
- Du bist keine tolle Heilerin, die alles wieder gutmacht.
- Du kannst der Sterbenden ihren Tod nicht abnehmen.
- Alles, was hier geschieht, ist nicht deine Geschichte.
- Du bist hier nicht die Expertin, sondern dein Gegenüber, also frag: Was brauchst du? Was kann ich für dich tun?
- Halte dich mit Ratschlägen zurück und überversorge nicht.

Es gibt nur einen Experten, nur eine Komponistin für dieses letzte Lied. Falls er oder sie Anregungen möchte …

sehr gerne. Manchmal liegt es an Kleinigkeiten, warum es nicht gelingt, eine Melodie zu Ende zu schreiben, den richtigen Rhythmus zu finden. Vielleicht kann ich ein bisschen assistieren, doch ich kann keine Tonart bestimmen. Jede und jeder Sterbende gestaltet den eigenen Tod. Es ist sein oder ihr Stück, nicht der Ohrwurm aus irgendeiner Hitparade, den andere singen und pfeifen mögen. Es ist sein oder ihr letzter Auftritt. Ganz am Ende des Lebens kann man eine Saite noch umstimmen, zwei Saiten aufeinander abstimmen – die Gehenden und die Bleibenden. Und dann erklingen sie in einem Akkord, der Dreiklang wird vollendet im Tod, in dem alles mitschwingt, was zuvor als Thema einmal angespielt wurde in den fünf Sätzen, aus denen das Sterben besteht.

Elisabeth Kübler-Ross hat unzählige Gespräche mit sterbenden Menschen geführt und ihre Erkenntnisse in einem Fünf-Phasen-Modell des Sterbens zusammengefasst.

Dieses Modell wurde seither auch für andere Einsatzgebiete modifiziert, wie in den Trauerphasen nach Verena Kast, die ich später noch beschreibe, oder verschiedenen Strategien zur Krisenbewältigung. Ich finde dieses Modell sehr hilfreich, nicht nur in der Sterbebegleitung, sondern wann immer wir uns in einer Ausnahmesituation befinden, da es einen ordnenden Charakter hat. Allerdings laufen die Phasen nicht strikt voneinander getrennt ab, sie wechseln, manchmal rasch, manchmal langsam und bei einem sehr schnellen Tod auch in hoher Geschwindigkeit.

Durch unsere gute medizinische Versorgung werden wir heute immer älter und überleben auch schwere gesundheitliche Krisen wie Herzinfarkt, Schlaganfall, Unfälle. Einige Stunden oder auch Tage kann sich ein Patient in der kritischen Phase zwischen Leben und Tod befinden. Einige schaffen es, andere nicht, wobei man das Schaffen in beide Richtungen interpretieren kann. Stirbt der Mensch rasch, versuchen Angehörige sich damit zu trösten, dass er nicht leiden musste. Dafür leiden sie oft sehr. Denn wenn jemand im wahrsten Sinn des Wortes aus dem Leben gerissen wurde, konnte sich niemand darauf vorbereiten. Das ist eine völlig andere Ausgangslage als eine lange Erkrankung oder ein hohes Alter, bei denen der Tod für alle sichtbar vor der Tür stand, mit den Füßen scharrte und bloß noch schnell eine rauchte, ehe er eintrat.

Ein Mensch, der plötzlich stirbt, konnte seine unerledigten Dinge nicht bereinigen. Wobei ich gar nicht weiß, ob das immer stimmt, denn ich habe sehr viele Geschichten über Menschen gehört, die eines plötzlichen Todes starben und trotzdem geahnt zu haben schienen, dass es bald so weit ist. »Vier Wochen vor dem Autounfall hat er sein Büro aufgeräumt, was er seit Jahren tun wollte, und alle Unterlagen geordnet«, erzählte mir eine Frau. Ein Mann erinnert sich daran, dass seine Frau vor dem geplatzten Aneurysma, von dem niemand wusste, für zwei Wochen in die Schweiz gefahren sei, um noch einmal die Wanderwege ihrer Jugend zu beschreiten. Es war eine Abschiedstour. Ein guter Freund hat nach seiner Herzklappenoperation das Wiedereingliederungsformular seiner Firma dort persönlich abgegeben. Er war tot, als seine Frau die Nachricht auf dem Anrufbeantworter vorfand: »Danke für das Formular. Leider haben Sie vergessen, es zu unterschreiben.«

Für die Witwe, meine Freundin, war das auch ein Trost. Ihr Mann hätte so etwas normalerweise nie vergessen. Seine Seele wusste, dass sie sich nicht wiedereingliedern würde.

Vielen Hinterbliebenen fallen solche Geschichten ein, die zu beweisen scheinen, dass die Seele ihre Flügel schon weit ausspannte, um bald nach Hause zu fliegen. Trotzdem kann so ein plötzlicher Tod starke Schuldgefühle verursachen. Morgens beim Frühstück gestritten, vormittags gedacht: Heute Abend koche ich was Schönes und wir versöhnen uns, nachmittags der Anruf: Ihr Mann liegt auf der Intensivstation, abends die Nulllinie auf dem Monitor. Hätte ich doch nur … Wäre ich doch nur …

So sehen wir, dass der plötzliche Tod nicht unbedingt die bessere Alternative ist. Aber es ist gut, wenn man den plötzlichen Tod nicht nur in Krimis für wahrscheinlich hält, sondern ihm als Idee in seinem eigenen Leben Raum gibt. Für mich bedeutet das, dass ich, wenn möglich, alle Dinge, die ich erledigen kann, zeitnah erledige. Dass ich nichts aufschiebe, vor allem nicht, wenn es mit anderen Menschen zu tun hat. Sobald ich intensiv an einen Menschen denke, rufe ich ihn an und frage ihn, wie es ihm oder ihr geht. Ich habe sehr oft gehört, dass jemand einem solchen Impuls nicht folgte, und dann war es zu spät.

Wann immer ich mich von jemandem verabschiede, ist mir bewusst, dass wir uns vielleicht zum letzten Mal sehen. Wenn mein Mann das Haus verlässt, begleite ich ihn häufig bis zur Tür. Ich sage sogenannte Abschiedsfloskeln nicht gedankenlos, auch nicht am Telefon, sondern bin in diesem Augenblick besonders präsent, mit dem Herzen dabei: Alles Gute! Auf Wiedersehen! Gute Besserung! Komm gut heim! Lass es dir gut gehen. Leb wohl!

Das ist nur eine Kleinigkeit, aber sie verändert das ganze Leben: Probieren Sie es aus!

Und wenn Sie ganz mutig sind oder einfach nur neugierig: Schreiben Sie einmal auf, wie Sie sich Ihre Beerdigung vorstellen. Sie müssen das nicht zu den Akten legen. Vielleicht finden Sie es schön, die Gestaltung Ihren Angehörigen zu überlassen. Oder es tröstet Ihre Angehörigen, dass sie diese letzten Dinge dann noch für Sie tun können. Trotzdem: Schreiben Sie es einmal auf, Sie können den Zettel danach ja verschwinden lassen.

Hoffentlich haben die im Himmel Gucklöcher, denke ich mir manchmal. Man möchte schon gern wissen, wie es weitergeht. Im eigenen Kreis und auch politisch, mit dem Klima und ganz allgemein. Die Welt wird sich weiterdrehen. Ohne mich, ohne Sie. Es könnte einem schwindlig werden bei der Vorstellung!

Manche Menschen planen ihre Beerdigung nicht nur im Groben, sondern akribisch. Sie legen fest, welche Musik gespielt werden soll und welche Blumen auf dem Sarg liegen sollen. Sie verfassen Briefe für ihre Freundinnen und Freunde. Legen die Sitzordnung beim Leichenschmaus fest und natürlich das Menü. Andere lassen all das los. Sie speisen ja nicht mehr mit. Oder sie vertrauen einer nahestehenden Person an, was sie sich wünschen. Warum sprechen wir so selten, was heißt hier selten, eigentlich nie darüber?

»Darf ich dich um einen Gefallen bitten? Kannst du dafür sorgen, dass …«

»Sag doch nicht so was.«

Doch, es gehört gesagt.

Verbrennen oder vergraben, Feuer oder Erde?

Was fühlt sich für Sie richtig an?

Die Beerdigung ist ein wichtiges Ritual, ein Schlussakkord eines manchmal langen Leidensweges. Wir lassen den oder die Verstorbene auf dem Friedhof zurück. Jetzt beginnt für die Dableibenden ein neuer Lebensabschnitt.

Wenn wir uns von einem lieben Menschen verabschieden müssen, denken wir in der Regel zwar mit Schrecken und großem Kummer daran, wie unser Leben ohne ihn oder sie sein wird. Wir befassen uns jedoch noch nicht damit, wie wir mit unserer Trauer umgehen werden. Das ist aber entscheidend für unser weiteres Leben – ohne diesen Menschen. Die meisten Trauernden erkennen erst im Rückblick, dass sie mit der Art und Weise, wie sie ihren sterbenden Angehörigen begleitet haben, den Samen legten für ihre Zeit ohne ihn.

Was dem einen hilft – Beerdigung planen, die Kleidung des/der Verstorbenen sehr schnell verschenken –, wäre für die andere, die im Zimmer des Verstorbenen nichts anrührt, damit es aussieht wie immer, oder die Gestaltung der Trauerfeier den Angehörigen überlässt, unerträglich. Es gibt kein allgemeines Richtig oder Falsch. Manchmal denke ich mir, dass wir viel zu oft in unserem Leben etwas getan haben, von dem wir glaubten, es sei richtig, nur weil es andere von uns erwarteten. Spätestens am Ende ist es Zeit, nur noch auf die eigene innere Stimme zu hören.

Und dann wird ein Abschiedsbrief auf meiner Trauerfeier vorgelesen oder ein Film gezeigt, den die Verstorbene extra für diesen Anlass gedreht hat … heute ist so etwas noch gewöhnungsbedürftig, zumal der Verstorbene dann plötzlich wieder lebendig erscheint, wo man sich doch gerade erst ans Trauern gewöhnt hat, aber wer weiß, wie es in ein paar Jahren aussieht. Vielleicht ist die Leinwand im Krematorium dann ganz alltäglich. »Highway to Hell« bei einer Trauerfreier hat sich früher auch niemand vorstellen können!

Die fünf Phasen des Sterbens

Als ich einige Jahre nach dem Ende meiner aktiven Bühnenkarriere eine Krebsdiagnose erhielt, war ich manchmal regelrecht verblüfft, wie treffend die fünf Phasen nach Elisabeth Kübler-Ross verschiedene Gefühlszustände beschreiben. Nicht nur ein sterbender Mensch oder ein Mensch in einer existenziellen Krise durchläuft diese fünf Phasen, sondern auch die Angehörigen, die sich durch den nahenden Tod des lieben Menschen in einer bedrohlichen Situation befinden. Alles ist miteinander verbunden.

Sehr ans Herz legen möchte ich Ihnen das Handbuch *Sterbe- und Trauerbegleitung* von Claudia Cardinal, bei der ich die Ausbildung zur Sterbeamme absolviert habe. Sie beschreibt viele Situationen und erzählt Fallgeschichten aus den fünf Phasen, die ich nachfolgend in eigenen Worten kurz erläutere. Dabei nehme ich abwechselnd die Position der Sterbenden und die der Begleitenden ein. Auch Trauernde können sich in diesem Modell wiederfinden, doch es gibt für die Trauer ein von Verena Kast modifiziertes Modell, das ich später vorstelle.

Erste Phase: Nicht-wahrhaben-Wollen, Leugnen und Isolierung

Das kann nicht sein. Ich doch nicht! Das muss ein Irrtum sein.

Ich soll nur noch ein halbes Jahr leben? Die haben da etwas verwechselt im Labor. Außerdem ist die Medizin heute so weit. Nein, nein, das wird schon wieder …

In den letzten Jahren habe ich manche unglaubliche Geschichte gehört, auch von schwer erkrankten Ärzten, denen eigentlich hätte klar sein müssen, woran sie litten. Aber sie wollten es nicht wahrhaben. Wir alle kennen dieses Verhalten auch aus anderen Situationen, zum Beispiel, wenn eine Beziehung zu Ende ist: Er liebt mich bestimmt noch, auch wenn er es nicht weiß.

Was, eine Eigenbedarfskündigung? Nein, das ändert sich gewiss wieder!

Das, was geschieht, ist zu groß für unser Begreifen, wir können und wollen es nicht wahrhaben und versuchen es zu verdrängen. Lieber spielen wir normal: »Möchtest du noch ein Stück Kuchen?« Wir sind wie kleine Kinder, die glauben, wenn sie sich die Augen zuhalten, sieht sie keiner. Wir sind in einem Schockzustand, in dem es keine Normalität gibt, keine Regeln mehr gelten.

Was wir tun können: Dableiben, aushalten, reden und schweigen, auf gute Ratschläge verzichten, Zuneigung zeigen durch Gesten und Taten der Liebe – Hand halten, zudecken, Leibspeise kochen, streicheln … da sein.

Zweite Phase:
Zorn

Warum ich?

Du lebst einfach weiter! Kannst in den Urlaub fahren und Pläne machen, du wirst noch da sein, wenn ich längst … Das ist so ungerecht!

Auch die Angehörigen sind zornig: Warum du? Zornig auf das Leben. Zornig auf den Erkrankten: Ich bin so wütend … weil du nicht mit dem Rauchen aufgehört hast, weil du, weil du, weil du. Und ich bin wütend auf diese Scheißkrankheit und überhaupt auf alles.

Und wütend auf Gott! Warum lässt er das zu?

Manchmal führt der Zorn der Kranken in die Einsamkeit, weil niemand gern mit verbitterten Menschen zu tun haben möchte.

Schwierig wird es, wenn die völlig verzweifelten Erkrankten verletzende Dinge sagen. Ihre Wut, ihr Zorn, ihr Neid auf die Weiterlebenden kann eskalieren, vor allem, wenn sie von jeher zu den leicht explosiven Charakteren zählen oder ihre Beziehungen nicht sehr liebe- und respektvoll waren. Es kann sogar zu Handgreiflichkeiten kommen. Was für die Angehörigen, die alles tun, um dem Sterbenden zu helfen, einer Zerreißprobe gleichkommt. Bitte, nehmen Sie das nicht persönlich in dem Wissen, dass sich die bald Sterbende in einer extremen und ja, ausweglosen Situation befindet.

Dritte Phase: Verhandeln

Wir haben erkannt, dass der Zorn uns nicht weiterbringt. Die Tatsachen sind nicht von der Hand zu weisen. Aber vielleicht kann man noch irgendwas tun, vielleicht wird doch noch alles gut? Wenn ich dir, mein Gott, zum Beispiel verspreche, dass ich …

Das Verhandeln ist meist nur eine flüchtige Erscheinung, in der wir zu Kindern werden, die auf magische Momente hoffen. Wir ziehen eine radikale Ernährungsumstellung durch, verändern unsere Lebensgewohnheiten, um das Ruder noch mal rumzureißen. Manchmal kann man tatsächlich eine Gnadenfrist gewinnen, vor allem, wenn es ein Ziel gibt, das man unbedingt noch erleben will: die Geburt meines ersten Kindes, die Veröffentlichung meines Buches, das Abitur meines Sohnes. Dafür strenge ich mich an … Lass mich das noch erleben, mein Gott, dann bin ich mit allem einverstanden.

In dieser Phase tauchen auch Schuldgefühle auf. Man weiß, dass man Fehler gemacht hat im Leben. Es kann guttun, darüber zu sprechen. Es kann aber genauso gut sein, darüber zu schweigen.

Was wir tun können: Unterstützen bei den Vorhaben, sie nicht von vornherein als unrealistisch einschätzen, aber auch keine übertriebenen Hoffnungen schüren. Gewiss ist: Wunder gibt es immer wieder!

Vierte Phase: Depression

Es war alles umsonst. Nichts hat geholfen. Es geht wirklich zu Ende. Nach Elisabeth Kübler-Ross unterteilt sich die Depression in zwei Phasen, die häufig von vielen Tränen begleitet werden.

In der ersten, der reaktiven Phase können die Sterbenden Reuegefühle und Schuldgefühle verspüren, weil sie manches im Leben versäumt haben. Ein Bilanzieren beginnt, das in die zweite, in die vorbereitende Phase mündet, in der man sich mit dem endgültigen Abschied von allem vertraut macht – ja, von allem. Eine tiefe Traurigkeit kann sich ausbreiten.

Nach Elisabeth Kübler-Ross sollen die Sterbenden in dieser Phase daran erinnert werden, was sie alles Schönes erlebt haben. Claudia Cardinal ist diesbezüglich anderer Meinung, da dies den Abschied erschweren könnte.

Man lässt nicht gern zurück, woran man sich eben noch so herrlich erinnert hat. Andererseits kann ein prinzipielles Einverstandensein in die Dankbarkeit führen.

Hier sehen wir noch einmal sehr klar, wie wichtig es ist, seinen eigenen Lebensfilm zu drehen. Denn wenn wir am Ende vor einer langen Liste von Versäumnissen stehen, wird die Trauer größer sein, als wenn wir feststellen, dass wir das meiste, was wir im Leben verwirklichen wollten, erreicht haben. Und nun ist es Zeit, zu gehen …

Einige Versäumnisse können allerdings nachgeholt werden, wenn Sie an die unerledigten Dinge denken. Und dann gibt es da noch den Wünschewagen und andere Möglichkeiten, am Ende etwas nachzuholen. Dazu mehr im nächsten Kapitel.

Was wir tun können: Dem Sterbenden dabei helfen, über unerledigte Dinge zu reden, und alles ernst nehmen, was er sagt, nichts abtun. Lieber herausfinden, ob es noch einen offenen Wunsch gibt. Kann er erfüllt werden?

Während Elisabeth Kübler-Ross von fünf Sterbephasen spricht, kennen wir Sterbeammen sechs. Wir haben das Reisefieber mit aufgenommen. Denn oft blühen Sterbende am Ende noch einmal richtig auf. Je nach Bewusstseinszustand kann es sogar geschehen, dass sie über die Bettgitter steigen wollen, davon sprechen, dass ihre Koffer gepackt sind, oder sie nesteln emsig an der Bettdecke. Es ist eine Phase des Aufbruchs, der Nervosität, auch der Neugier und Vorfreude, was nun auf uns zukommt. Diese Ungewissheit bringt Unruhe mit sich, wie wir sie auch vom Reisefieber kennen. Der Zustand kann bei Angehörigen für Verwirrung sorgen, besonders, wenn kleine Wunder geschehen. So können zum Beispiel demente Patienten plötzlich ganz klar sprechen, wie man sie monate- oder gar jahrelang nicht mehr erlebt hat. Ja, Reisefieber wirkt belebend, das kennen wir alle, wenngleich diese Reise die letzte sein wird.

Bei Elisabeth Kübler-Ross ist die fünfte Phase das Annehmen, diese bezeichnen wir Sterbeammen als sechste Phase.

Fünfte Phase: Annehmen, Zustimmung

Mit der inneren Annahme des nahenden Todes geht eine große Müdigkeit einher. Die Kämpfe sind vorüber, die Sterbenden schlafen viel, dösen vor sich hin und wollen auch nichts mehr wissen von den Problemen in der Außenwelt. Sie ziehen sich zurück in ihre Innenwelt.

Was wir tun können: Für Ruhe sorgen. Denken Sie an eine Geburt, bei der man einer Mutter idealerweise auch jegliche Unterstützung gewährt. Hier wird allerdings kein Mensch geboren, sondern ein Tod, und auch auf den sollte man sich vollständig konzentrieren können. Seien Sie offen und präsent und akzeptieren Sie, was geschieht. Als kirchlich getrautes Ehepaar lösen Sie ein Versprechen ein: bis dass der Tod euch scheidet.

Danach beginnt Ihr eigener steiniger Weg. Der Tod eines lieben Menschen setzt Ihnen einen Rucksack auf. Schwere Steine liegen darin, aber vielleicht auch ein bisschen Wegzehrung, die Sie in Ihrer gemeinsamen Vergangenheit erworben haben – gerade auch am Ende. Wenn uns ein Mensch an seinem Tod teilhaben lässt, macht er uns ein großes Geschenk. Doch oft dauert es eine Weile, manchmal auch sehr lange, bis wir dieses Geschenk annehmen können.

Leichen im Keller

Jeder hat so seine Leichen im Keller, sagt das Sprichwort. Und jeder hat auch seinen Tod im Keller. Die Frage ist nur: Wo? An einem zugänglichen Ort oder eingemauert? Doch so tief wir unseren Tod auch verbergen mögen, es ist nie tief genug, eines Tages steht er vor uns. Und auch die nicht gelebte Trauer um liebe Menschen steht eines Tages vor uns, egal, wie gut wir sie verdrängt haben. So ist es auch mir ergangen.

Vielleicht wundern Sie sich, dass ich das schreibe, die Fachfrau für Sterben und Tod. Doch Tatsache ist, dass ich viele Jahre brauchte, bis ich der großen Trauer um meine liebe Mutter ins Gesicht sehen konnte. Zum einen lag das an den nicht vorhandenen Bewältigungsstrategien innerhalb meiner Familie. Wie beschrieben, tröstete sich mein Vater mit Alkohol und anderen Frauen. Zum anderen beschäftigte ich selbst mich sehr viel mit dem Thema, aber eben nicht mit meiner eigenen Trauer; es war eher so, als wollte ich meine Trauer mit der Informationsbeschaffung über Tod und Sterben im Allgemeinen und Besonderen gütig stimmen, damit sie mich in Ruhe ließ. Doch aus dem Keller rief die Trauer nach oben, und viele Entscheidungen fällte ich, weil ich nichts mit ihr zu tun haben wollte. Hätte ich auf diese Stimme gehört, dann hätte mein Leben anders ausgesehen.

Auch meine Berufswahl Krankenschwester war ein Wiedergutmachungsversuch. Beim Tod meiner Mutter war ich fahnenflüchtig gewesen, jetzt stand ich anderen Menschen bei. Es ist immer besser, sich seiner Trauer rechtzeitig zu stellen, sonst läuft man Gefahr, dass das Leben auf die falschen Gleise gerät. Trotz vieler schöner

Momente bin auch ich eine Weile auf dem falschen Gleis unterwegs gewesen. Nie im Leben wäre ich auf die Idee gekommen, dass ich meine Trauer verdrängt hatte. Ich stand doch in der ersten Reihe, wenn es um den Tod ging! Aber meine Trauer, die hatte ich wie einen Ball unter Wasser gedrückt. Das kann man ziemlich lange aushalten, bis die Muskeln zittern, und ich war jung und kräftig, in meiner Jugend war ich Leistungsschwimmerin, das Wasser ist bis heute mein Element. Also drückte ich den Ball unter Wasser und hatte lange Glück. Man kann auch Depressionen kriegen oder eine Suchterkrankung, andere Krankheiten. Das ist mir lange Zeit erspart geblieben.

Als ich auf der Bühne richtig durchstartete, merkte ich eines Tages, dass ich selbstbewusster sein könnte. Irgendetwas schien mich kleinzuhalten. Eine Freundin riet mir zu einer Therapie. Da dauerte es dann nicht mehr lange, bis der Ball hochsprang. In der Folge fing ich noch mal ganz von vorne an und entdeckte die falschen Weichenstellungen und neue Gleise, und das Leben wurde noch viel spannender und bunter. Die Therapeutin hatte Namen für mein Verhalten. Helfersyndrom lautete einer, ganz typisch bei Krankenschwestern, so erfuhr ich. Heute denke ich, dass einflussreiche Entscheider und Institutionen vermutlich darauf bauen, denn sonst wäre unser krankes Gesundheitssystem schon lange kollabiert. Solange es von Menschen weitergeschleppt wird, die nicht aufgeben, ja, nicht aufgeben können, weil sie selbst an einem Helfersyndrom kranken, kann man sich getrost zurücklehnen. Die wuppen das schon! Ich habe nicht nur geschleppt, ich habe mich manchmal total verausgabt. Zudem fehlte mir besseres Werkzeug, um auch als Krankenschwester mit Sterben, Tod und Trauer umzugehen. Natürlich lernte ich in meiner

Ausbildung so einiges, zum Beispiel dass man das Fenster öffnet, wenn ein Mensch verstorben ist.

»Warum?«

»Damit die Seele rausfliegen kann«, erklärte man mir, und ich wunderte mich, denn wenn jemand durch geschlossene Fenster schweben kann, dann doch wohl eine Seele? Dann verstand ich, dass das ein Ritual ist. Wie auch das Händefalten und einiges mehr.

Heute verfüge ich durch meine Zusatzausbildungen über sehr vielfältiges und unterschiedlich einsetzbares Werkzeug, mit dem ich sterbende und trauernde Menschen unterstützen kann. Ich muss dabei nichts mehr aus meiner eigenen Geschichte erlösen. Ich habe sie gut aufgearbeitet mit den Jahren, wobei es schon interessant ist, dass man je nach Lebensalter immer wieder einmal eine neue Perspektive kennenlernt. Sich selbst zu heilen ist eine hervorragende Methode, um später andere unterstützen zu können.

Menschen, die selbst ein Trauma bewältigt haben, sind die besten Therapeut*innen, da sie genau wissen, ja, nachempfinden können, wie es ihren Klient*innen geht.

Mich haben meine Weiterbildungen in verschiedenen Fachrichtungen sehr inspiriert. Rückblickend stelle ich erleichtert fest, dass ich in meinen Anfangsjahren nichts Schlimmes falsch gemacht habe. Ich erinnere mich an keine Situation, in der ich einem oder einer Sterbenden nicht gerecht geworden wäre. Wie ich auf die Idee komme, das behaupten zu können? Weil sie am Ende alle ganz friedlich waren. Ich schaute in glatte Gesichter, die sich eine Weile nach dem letzten Atemzug verjüngten. Ich habe keine Scheu vor dem Anblick von Toten, im Gegenteil: Ich finde sie schön. Ruhig, entspannt, würdevoll, friedlich, und wenn ich genau hinschaue, entdecke ich immer die Spur eines Lächelns. Neulich hat jemand bei einer Podiumsdiskussion von der schrecklichen Fratze des Todes gesprochen. Ich habe widersprochen, und es kam dann zu einer sehr interessanten Diskussion. Die Moderatorin resümierte schließlich, dass der letzte Gesichtsausdruck vielleicht etwas mit den Umständen des Todes zu tun hat und sie sich vorstellen könnte, dass ein Abschied in guter Begleitung die Züge glätte.

Gute Begleitung kann man lernen, zum Beispiel mit einer Ausbildung zur Sterbeamme, bei der die Abgrenzung trotz aller Empathie eine große Rolle spielt. Sterbeammen brauchen einen guten Stand im Leben, einen sehr guten Stand, denn an uns wird gerüttelt und geschüttelt. Zahlreiche Ängste können aufsteigen, Traumata aktiviert werden in dieser Extremsituation. Es wäre fatal, wenn wir ihnen schutzlos ausgeliefert wären und damit die Sterbenden aus ihrer Ruhe bringen und verunsichern würden. Wir müssen gut stehen, gut geerdet sein, um der Fels in der Brandung zu sein, der dem oder der Sterbenden vermittelt: Ich bin da, ich gebe acht und halte Wache in diesem Raum deines Abschieds.

Es gibt unzählige Möglichkeiten, sich zu erden, um Führung zu bitten. Weit verbreitet sind Gebet und Meditation. Eine solche liebevolle Selbstfürsorge möchte ich Ihnen unbedingt ans Herz legen! Sammeln Sie sich, bereiten Sie sich vor, ehe Sie einen sterbenden Menschen aufsuchen. So schützen Sie sich und nehmen nichts mit nach Hause. Ich kenne Sterbebegleiterinnen, die sich im Anschluss im Fitnessstudio auspowern oder joggen. Ich schnappe mir dann oft eine Trommel. Musik ist schon immer ein befreiendes Ventil für mich gewesen. Was dann am Ende bleibt, ist die Liebe zu den Menschen, die ich begleiten durfte. Wenn

Liebe fließt, ist es egal, ob man sich seit drei Tagen oder dreißig Jahren kennt. Liebe fragt nicht nach Alter, Herkunft, Status, Religion. Liebe ist. Und sie verbindet.

Vieles hat mich meine Freundin Frieda gelehrt, deren Geschichte ich nachfolgend erzähle. Bei ihr bin ich dageblieben, von Anfang bis Ende. Es tut heute noch weh, sie verloren zu haben, doch ganz tief in mir weiß ich, dass sie immer bei mir ist, wenn auch anders. Wie meine liebe Mama. Und ich bin ihr unendlich dankbar, dass ich so viel lernen durfte bei ihrem Abschied.

Fasching ohne Frieda

In meiner Ehe kriselte es bereits, als wir von München in die Oberpfalz zogen. Was für eine Freude, als sich dann unser drittes Kind ankündigte, noch dazu ein Mädchen nach den zwei Buben. Ich war sehr glücklich über Miriam, doch meine Ehe war nicht mehr zu retten. Wir hatten uns auseinandergelebt, es reichte nicht, ein gutes Team zu sein – das wir weiterhin blieben. So beschlossen wir, dass die Kinder mit ihrem Vater im Haus wohnen bleiben würden, während ich mir in der Nähe eine kleine Wohnung mietete. Die Kinder fanden das toll, für mich war es anfangs sehr hart, doch als ich sah, wie gut uns als Familie die räumliche Trennung tat, war ich sehr dankbar. Zudem war ich oft im Haus, da mein Noch-Mann ja im Außendienst beschäftigt war, und dann hielt ich die Stellung, so wie er sie hielt, wenn ich Auftritte hatte. Auf die Dauer war meine Wohnung jedoch zu klein für vier Personen, und so suchte ich eine neue und fand ein Häuschen nah beim Krankenhaus Parsberg, wo ich damals noch tätig war. Es war Liebe auf den ersten Blick, und das gleich zweimal. Denn nach wenigen Wochen zog unter mir ein Bildhauer ein. Als ich ihn das erste Mal sah, machte es peng. Das war vor rund zwanzig Jahren, und heute sind wir noch immer ein glückliches Paar.

Es mag seltsam klingen, doch ich bin überzeugt davon, dass, wenn wir uns mit dem Tod beschäftigen, die Fähigkeiten zu Glück und Liebe wachsen. Wir nehmen das Schöne dann nämlich nicht mehr selbstverständlich, sondern sind uns bewusst darüber, dass es ganz schnell vorbei sein kann.

Mit Thomas, meinem neuen Mann, und den drei Kindern zogen wir schließlich nach Lupburg, wo ich heute noch lebe. Gern denke ich an diese aufregende Zeit zurück, denn unser Haus am Marktplatz gegenüber der Kirche hatte zehn Jahre lang leer gestanden, und wir arbeiteten Tag und Nacht, um uns ein gemütliches Daheim zu schaffen. Die Kinder hatten es nicht weit zu ihrem leiblichen Vater, der leider sehr schwer an Krebs erkrankte und früh verstarb, wobei ich beinahe mitgestorben wäre, aber davon später mehr. Nun zuerst einmal Lupburg und: Frieda. Denn als ich meine Nachbarin Frieda kennenlernte, unsere Häuser lehnten sich fast aneinander, ging eine Sonne auf.

»Also, eure Fenster«, erklärte mir Frieda unumwunden, »die täten wir brauchen. Weil beim Faschingsumzug stehen da immer die Musikboxen.«

»Dann muss das wohl so sein«, lachte ich. Ich hatte diese quirlige, warmherzige Frau vom ersten Moment an ins Herz geschlossen. Sie und ihre Familie, ihr Mann Karl und ihre Tochter Hanna, waren nicht skeptisch wegen der neuen Nachbarn, sondern hilfsbereit und herzlich. Frieda hatte damals schon eine Krebserkrankung hinter sich. Jedenfalls glaubte sie das. Eine Brust war amputiert, damit wäre die Sache wohl ausgestanden.

Thomas und ich machten alles so, wie es sich für den Lupburger Fasching gehörte, bliesen auch Luftballons auf, weil das ja nur in unserem Haus möglich war. Es war sehr lustig, und wir lernten über Frieda viele Leute kennen. Thomas und Karl redeten nicht so viel wie Frieda und ich, doch wir verstanden uns alle gut, auch die Kinder. Ich war so glücklich, dass wir hier gelandet waren! Zum ersten Mal im Leben hatte ich auch einen Hund; Susi begleitete Frieda und mich auf unseren langen Spaziergängen, und wenn Frieda keine Zeit hatte, kümmerte ich mich um Susi. Diese Unbeschwertheit war uns aber nicht lange vergönnt, denn dann entwickelte sich bei Frieda ein Morbus Sudeck, eine sehr schmerzhafte Erkrankung mit Lähmungserscheinungen am Arm. Ich ging nun allein mit Susi spazieren und redete in Gedanken mit Frieda. Bald konnte Frieda ihren rechten Arm nicht mehr bewegen, also auch nicht mehr Auto fahren. Ich chauffierte sie überallhin; auch als wir Susi auf ihrer letzten Fahrt in die Tierklinik bringen mussten, saß ich am Steuer. Es tut mir heute noch weh, wenn ich daran denke, denn Susi hat mir unermüdlich gezeigt, wie schön die Natur ist und wie viel Kraft es schenkt, sich in der Natur aufzuhalten.

Frieda war überzeugt davon, dass es mit ihr bald wieder aufwärtsgehen würde. Sie hatte sich mit ihrer Behinderung arrangiert, sie kam trotz starker Schmerzen und mit nur einem Arm zurecht und holte sich einen neuen Hund: Gusti. Er war noch ein Welpe, als sie erfuhr, dass der Krebs zurückgekehrt war. Nach Operation und Bestrahlung war absehbar, dass Frieda den Kampf verlieren würde. Überall in ihrem Körper hatten sich Metastasen gebildet.

»Sie werden das Krankenhaus wohl nicht mehr verlassen«, sagte ein Arzt zu ihr.

»Doch«, sagte Frieda und fragte mich: »Hilfst du mir?«

Zu dieser Zeit hatte ich im Parsberger Krankenhaus gerade gekündigt und mich als Musikerin und Kabarettistin selbstständig gemacht. Ich konnte mich also gut um Frieda kümmern, da ich ja »nur« meinen Haushalt und die Kinder, meine Ausbildung zur Psychotherapeutin und diverse Weiterbildungen und Auftritte zu wuppen hatte. Das mag viel klingen, doch für mich war es nach all den Jahren davor als Vollzeitkrankenschwester und Vollblutkünstlerin eine Erholung. Mit Karl und Hanna und einigen anderen Helferinnen teilten wir Dienste ein, wenn ich nicht bei Frieda sein konnte.

Frieda hatte schreckliche Schmerzen, am ganzen Körper und ständig. Sie hatte Durchfall und übergab sich, es war fürchterlich und tat mir unendlich leid. Wir konnten die Schmerzen lindern, doch der Preis war Frieda zu hoch. »Ich will meine letzten Wochen und Tage nicht im Dämmerzustand verbringen«, sagte sie und schaffte es irgendwie, mit den Schmerzen klarzukommen. So entscheiden sich nicht wenige Patienten. Heute ist es mit palliativer Versorgung oft möglich, eine gute Mitte zu finden, damit die Schmerzlinderung nicht in einen Dämmerschlaf mündet.

Ich kümmerte mich um alles Notwendige, nicht nur um Friedas körperliche Versorgung, sondern auch um eine Pflegestufe, eine Hospizbetreuung, eine Ärztin, die rund um die Uhr verfügbar war, und vieles mehr. Ich wusste, dass Frieda beim nächsten Fasching nicht mehr tanzen würde. Karl, ihr Mann, wollte es nicht wissen, und sie hatte nicht den Mut, es ihm zu sagen. Eines Tages saßen Karl und ich an Friedas Bett, und sie schaute mich mit so einem bittenden, aufgerissenen, ich möchte sagen waidwunden Blick an. Wie immer verstand ich meine liebe Freundin auch ohne Worte. So viel hatten wir geredet in der kurzen Zeit, die uns vergönnt gewesen war, jetzt hatten wir kaum mehr Worte nötig.

Ich nahm all meine Kraft zusammen und sagte zu Karl: »Es wird Zeit, dass du dich verabschiedest.«

Frieda nickte. Tränen liefen ihr übers Gesicht.

Dies ist der Moment, in dem eine Sterbeamme sich zurückzieht. Damals war ich noch gar keine ausgebildete Sterbeamme, ich war einfach nur Friedas Freundin – und ich ließ die beiden allein, um vieles auszusprechen, was sie sich nicht zu sagen gewagt hatten, um die Hoffnung nicht anzuknabbern.

Danach wurde Frieda von Tag zu Tag weniger, und manchmal war sie wütend, dann verzweifelt, tieftraurig, zuversichtlich ... mit ihr fuhr ich Achterbahn, nein, Fünferbahn durch die Phasen des Sterbens.

Und ich kam auch an meine Grenzen, sodass ich schließlich einen Pflegedienst engagierte, der Friedas körperliche Versorgung gänzlich übernahm. Mit Frieda habe ich sehr viel gelernt über die Belastung der Angehörigen. Natürlich habe ich das als Krankenschwester in der Klinik mitbekommen. Doch »privat« so lange am Bett eines todkranken Menschen zu sitzen ist etwas anderes. Es sagt sich leicht dahin: Mach mal eine Pause, geh mal ein bisschen spazieren. Man kann aber nicht weg. Oder man geht und ist im Kopf doch noch bei dem oder der Kranken. Auf die Dauer zermürbt einen das. Man weiß, man muss eine Grenze ziehen, und kann es nicht, weil man Angst hat, das würde falsch verstanden. Doch die Grenze bedeutet keine Minderung der Liebe und Fürsorge, im Gegenteil: Man schaut auf sich selbst, damit man noch lange für den sterbenden Menschen da sein kann. Es nützt ihm oder ihr ja nichts, wenn die Begleiter zusammenbrechen. Diese Logik kommt aber nicht unbedingt so an bei Sterbenden. Auch Frieda hat mir gelegentlich Vorwürfe gemacht. So etwas ist sehr schwer auszuhalten. Doch da muss man durch, in Liebe und mit dem Wissen um die fünf Sterbephasen. Diese Reaktionen sind normal. Wenn wir uns in die Lage eines sterbenden Menschen hineinversetzen, können wir es nachvollziehen. Und wer weiß, vielleicht reagieren wir eines Tages genauso – und entschuldigen uns am Ende, so wie Frieda sich bei mir entschuldigte.

Ich habe es unzählige Male erlebt, wie Angehörigen das Sterben ihres lieben Menschen – vor allem, wenn es über Monate dauert – an die Substanz geht. Zuerst wachsen sie über sich selbst hinaus. Sie essen weniger, sie schlafen weniger, sie aktivieren all ihre Kräfte. Doch irgendwann können sie nicht mehr. Reserven sind ausgeschöpft, die wir normalerweise durch unsere täglichen Routinen erhalten und auch erneuern. Wenn jedoch jemand im Sterben liegt, verblasst die Alltagsroutine zu einer Erinnerung. Nicht selten sagen Menschen dann, dass sie sich danach sehnen, ganz normale Sachen zu tun: das Auto zum Tanken zu fahren, einzukaufen, einen Schwatz mit einer Nachbarin zu halten. Denn wenn man solche banalen Dinge tut, ist die Welt in Ordnung, nicht in einem Ausnahmezustand wie jetzt mit dem sterbenden Menschen zu Hause.

Auf einmal stoßen wir an die Grenze unserer eigenen Möglichkeiten. Bei der einen geschieht das früher, beim anderen später. Wir können die große Aufgabe fast nicht mehr leisten und dabei möchten wir doch unbedingt unserem geliebten Menschen beistehen, ihm alles geben, was er braucht, all unsere Liebe und Fürsorge, zumal wir ja wissen, dass er nicht mehr lange bei uns sein wird. Das sind extrem schwierige Zeiten, und obwohl ich das alles wusste, musste ich mich sehr anstrengen, um nicht in diese Falle zu gehen, und mich auch immer wieder ablösen lassen.

Bei mir kam das Schuldgefühl hinzu, meine Mutter bei ihrem Tod im Stich gelassen zu haben. Frieda wollte ich auf gar keinen Fall im Stich lassen. Wie gesagt, die Begleitung eines sterbenden Menschen kann sehr viel Schmerzhaftes aus der eigenen Lebensgeschichte triggern. Als ich Frieda begleitete, war mir einiges davon schon bewusst, ich hatte eine Therapie gemacht und diverse Ausbildungen für meinen späteren Werdegang absolviert. Dabei hatte ich Möglichkeiten kennengelernt, mich von negativen Erinnerungen und Energien freizumachen, auch in schamanischer Arbeit. Dennoch war ich nicht gefeit vor dem einen oder anderen Rückfall. Aber ich gewann immer wieder Handlungsspielraum.

Vieles von dem, was ich bei Frieda intuitiv richtig machte, lernte ich später in meiner Ausbildung zur Sterbeamme. So machte ich einen Stundenplan, wer sich wann um Frieda kümmern konnte, als sie rund um die Uhr Betreuung brauchte. Frieda war im Dorf beliebt – auch mit Kontaktfreudigkeit sorgen wir gut vor –, und als ich diejenigen anrief, für die Frieda grünes Licht gegeben hatte, waren viele von Herzen gern bereit, sich einteilen zu lassen. So etwas darf man allerdings nicht über den Kopf des Sterbenden hinweg entscheiden. Er (oder sie) bestimmt, wen er sehen möchte und wen nicht – was gelegentlich zu Überraschungen führt. Die jedoch nicht anzufechten sind. Es gibt nur einen Experten für diesen Tod: die Sterbende selbst. Sie ist die Chefin.

Es kann auch sein, dass jemand sich nicht in der Lage sieht, am Bett eines Sterbenden zu sitzen. Das musste ich als Fragende herausfinden, wenn den Betreffenden der Mut fehlte, es zu sagen. Sonst würde Frieda womöglich noch ihre Sterbehelfer trösten müssen, nein, das könnte sie nicht mehr, sie war zu schwach dazu.

Was geschieht, wenn Angehörige nicht entlastet werden, ist übrigens auch ein Tabuthema. Ob es zur Eskalation kommt, hängt davon ab, wie lange das Sterben dauert. Zwei, drei Wochen aus dem eigenen Leben aussteigen, um einem lieben Menschen beizustehen, ist für die meisten machbar. Doch es kann auch länger dauern, viel, viel länger. Und dann gibt es keine ungestörte Nachtruhe, kein Wochenende, keinen Urlaub, nicht mal eine halbe Stunde für einen selbst, rund um die Uhr im Dauereinsatz unter quälenden Bedingungen, denn natürlich leiden wir mit. Und es ist ja auch ein Elend. Um völliger Erschöpfung mit schlimmen Folgen vorzubeugen, rate ich Ihnen dringend, frühzeitig für Entlastung zu sorgen. Holen Sie sich Hilfe! Sie laufen sonst Gefahr, Ihr letztes Miteinander zu stören, vielleicht sogar zu zerstören. Das gilt auch für Besuche im Krankenhaus.

Erwarten Sie nicht von sich, dass Sie alles allein schaffen. Sie sind ein Mensch, kein Übermensch! Wichtig ist jetzt Ihr guter Abschied. Und wenn Sie niemanden kennen, den Sie um Unterstützung und Ablösung bitten können, dann wenden Sie sich an eine offizielle Stelle. Im Anhang habe ich einige Adressen für Sie aufgelistet. Unterstützung zu organisieren, auch wenn man dafür bezahlt, ist kein Armutszeugnis, im Gegenteil, es ist eine kluge Entscheidung. Denn auch wenn Sie Ihren Mann, Ihre Frau, Ihren Vater, Ihre Mutter, Ihren Freund, Ihre Freundin lieben … Sie können nicht davon ausgehen, dass andere Familienmitglieder oder Freunde und Freundinnen ähnlich starke Gefühle für ihn hegen. Zudem muss Sterbebegleitung freiwillig sein, alles andere stresst den sterbenden Menschen. Wahr ist aber auch, dass Zugehörige es im Nachhinein oft sehr bedauern, wenn ihnen der Mut fehlte, einen Verwandten oder Freund in Not zu unterstützen. Ich habe oft von Kindern gehört, wie leid es ihnen tut, dass sie ihre Mutter oder ihren Vater allein ließen in dieser schweren Zeit. Sie waren beschäftigt mit ihrem Studium, dem Beruf, der eigenen Familie – und dann war es zu spät, um noch das eine oder andere zu klären.

Auch das ist meiner Meinung nach eine Auswirkung der Verdrängung des Todes in unserer Gesellschaft. Wir bereiten uns nicht darauf vor, wir befassen uns nicht damit und werden dann kalt erwischt.

Dabei ist es mit den heutigen technischen Möglichkeiten sehr einfach, auch über große Distanzen in Kontakt zu bleiben. Manche Menschen glauben, das wäre nicht »echt«. Ich habe andere Erfahrungen gemacht. Sterbende sind sehr froh, wenn sie via Internet ihre Lieben sehen können. Das gilt auch bei solchen Erkrankungen, die mit viel Scham einhergehen oder es Angehörigen sehr schwer machen, sich im Patientenzimmer aufzuhalten. Dazu gehören aufgebrochene Tumoren oder faulendes Fleisch sowie Darmkrebserkrankungen, bei denen der Stuhl aus dem Mund der Sterbenden quillt. Man kann sich vornehmen, sich nicht zu ekeln, aber in solchen Situationen übernimmt der Körper die Regie. Und dann machen Angehörige sich Vorwürfe, weil sie mit Abwehr reagiert haben.

Unvergessen ist mir die Frau, die sich auf das Bett ihres sterbenden Mannes übergab. »Ich hätte lieber mit ihm skypen sollen«, sagte sie mir später. Das ist den Patienten manchmal auch lieber – man sollte es offen ansprechen, das ist immer der beste Weg.

Nicht wenige Angehörige werden aufgrund ihrer grenzenlosen Überforderung hin und wieder handgreiflich. Insofern ist die Ablösung am Krankenbett kein Zeichen für fehlendes Engagement oder fehlende Liebe, sondern klug und vorausschauend und tut allen gut. Zumal wir nicht wissen, was der oder die Sterbende mit genau dieser Person, die nun »Wache« hält, vielleicht noch besprechen möchte. Und von einer höheren Warte aus betrachtet: dass diese Begegnung mit dem Tod für den Menschen sehr, sehr wichtig sein kann, der vielleicht über seinen Schatten gesprungen ist, ehe er sich das Herz fassen konnte, Ja zu sagen. Dieses Herz ist aber nicht allein, es hat auch einen Verstand, und der weiß, dass er nicht im Mitleid versinken darf, sondern klar bleiben muss. So erkläre ich es auch den Teilnehmerinnen an meinen Seminaren – meistens sind es Frauen: Stell dir vor, da steckt ein Menschlein im Sumpf fest. Du weißt, dass es keine Chance hat. Wenn du jetzt einer spontanen Regung folgend in den Sumpf springst, um den anderen zu retten, werdet ihr beide untergehen. Was also kannst du tun? Du kannst bleiben, bis es vorüber ist, auch wenn es unendlich schmerzhaft ist.

So wie wir blieben. So wie ich blieb.

Es wurde wieder Fasching. Ein Fasching ohne Frieda, obwohl sie noch lebte, mehr schlecht als recht. Es hatte sich viel Wasser eingelagert in ihrem Körper, auch in der Leber, sie wurde immer gelber.

»Als Gespenst könnt ich gehen ohne Verkleidung«, meinte sie, und wir überlegten uns ein passendes Kostüm.

»Jetzt ist es auch schon wurscht«, sagte sie und wollte eine Zigarette, die sie gar nicht ohne Hilfe rauchen konnte, die man ihr reichen musste wie einen Lolly. Sie bekam auch richtige Lollys von mir, »Du bist ja schon über achtzehn«, scherzte ich: gefrorenes Bier.

Am Sonntag fand der große Faschingszug statt, und wir hielten vor Friedas Haus und spielten und sangen uns die Seele aus dem Leib, und sie schaute aus dem Fenster, gelb und … glücklich. Ja, ich glaube schon. Es war Fasching, und sie war dabei, wie sie es sich gewünscht hatte. Wir haben versucht, ihr alle Wünsche zu erfüllen, die in unseren Kräften standen. Ich habe die Erfahrung gemacht, dass Angehörige über sich selbst hinauswachsen, wenn es um diese letzten Wünsche geht. Auch unsichere, schüchterne Menschen zeigen plötzlich das Selbstbewusstsein, zum Beispiel bei der Feuerwehr anzurufen und zu fragen: »Mein Mann würde so gern einmal in einem Feuerwehrauto mitfahren.« Ja, da muss man schnell und entschlossen vorgehen. Letzte Wünsche können nicht auf die lange Bank geschoben werden, die Bank ist vielleicht nur ein kurzes Brett.

Der letzte Wunsch

»Ich würde so gern noch einmal das Meer sehen …«
»Einmal noch rudere mich über den See …«
»Ich würde so gern noch einmal mit meiner besten Freundin telefonieren …«
»Noch einmal möchte ich auf einem Pferd sitzen …«

Schwerstkranken Menschen in ihrer letzten Lebensphase einen besonderen Wunsch zu erfüllen – das hat sich der spendenbasierte ASB-Wünschewagen auf die Reifen geschrieben. Mit ihm bringen engagierte Samariterinnen und Samariter Menschen am Ende ihres Lebens gut umsorgt noch einmal an ihren Lieblingsort. Ich schaue mir die

Internetseite immer wieder gerne an und bin begeistert von dieser Initiative: https://wuenschewagen.de

In vielen Fällen benötigt man den Wünschewagen jedoch gar nicht, sondern kann den letzten großen Wunsch privat organisieren. Unvergessen ist mir ein älterer Herr, der zum krönenden Abschluss seines Lebens gern mit einem Porsche fahren wollte. Heute noch schwärmen seine Angehörigen von dieser unvergesslichen Fahrt, die ihnen den Abschied leichter machte.

Ein junger Mann wünschte sich eine Pommes-Party bei McDonald's. Auch das wurde ermöglicht, deutlich günstiger fürs Budget als der Leihporsche. Ich habe allerdings noch nie einen Wunsch gehört, der nicht erfüllbar gewesen wäre. Man muss halt manchmal erfinderisch sein oder viel telefonieren. Und dazu braucht es Entschlossenheit und Selbstbewusstsein. Eine Ehefrau erzählte mir einmal: »Nie wieder in meinem Leben bin ich so sicher, tough, klar und selbstbewusst aufgetreten wie damals, als ich den Kegelbahnbesitzer dazu gebracht habe, seinen Laden an einem Samstag zuzusperren, damit mein Mann noch einmal seine Freunde zum Kegeln einladen kann, auch wenn er selbst dabei im Bett liegen wird.« Eine andere ist bis heute stolz darauf, dass sie es zwar nicht geschafft hat, das Pferd ihres Mannes ins Hospiz zu bringen, »Das hätte nicht durch die Tür gepasst«, doch immerhin auf seine Terrasse. So konnte er seinen geliebten Lomax noch einmal sehen, und nie wieder schüttelte der so oft seine prachtvolle schwarze Mähne. »Es war, als würde er winken.«

Die letzten Wochen und Tage sind die Saat für die spätere Trauer. Die Angehörigen haben das Gefühl, sie können etwas tun, sind nicht in der Ohnmacht des Leidens und Wartens gefesselt, oft macht einem die Hilflosigkeit ja am meisten zu schaffen. Kreativität ist gefragt, wenn Wünsche wahr werden sollen. Das ist etwas anderes, als Fragebögen für die Krankenkasse auszufüllen, sich Gedanken darüber zu machen, woher das Geld kommen soll, wenn der Hauptverdiener ausfällt, wie organisieren wir ein Pflegebett, kann man es einmal mit tiergestützter Therapie versuchen ... Vor allem, wenn Sterbende zu Hause versorgt werden, rollt eine Lawine von Bürokratie und Sachzwängen auf die Angehörigen zu. Zu kurz kommt, worum es hier eigentlich geht, nämlich die letzten Wochen und Tage bewusst miteinander zu verbringen, im eigenen Zuhause. Deswegen sage ich meinen Klienten immer wieder: Lasst die Bügelwäsche liegen, schiebt alles beiseite, was jetzt gerade nicht wichtig ist. Seid auch mal verrückt. Seid mal wie ein Kind. Geht nicht gibt's nicht. Und selbst wenn der erste Gedanke dir wahnsinnig erscheint wie bei meiner Klientin, die unbedingt einmal in einem Heißluftballon fliegen wollte. Wie sollte man das organisieren, in ihrem Zustand ... Doch die Aussicht auf die Aussicht hat sie regelrecht beflügelt. Ihre Tochter hat mir ein Foto geschickt, darauf die alte Dame mit roten Backen, strahlenden Augen und dem Sauerstoffschlauch in der Nase. Keiner hätte geglaubt, dass sie nur noch drei Tage zu leben hatte. Sie starb erfüllt ... und ohne Angst, denn sie hatte bereits eine Probefahrt in den Himmel unternommen.

Immer wieder ermutige ich meine Klienten und ihre Angehörigen, die letzten Wünsche zu erfüllen. Einmal am Ende dürfen sie ganz bestimmt alle fünfe gerade sein lassen, etwas Verrücktes tun, und wer sich überfordert davon fühlt, kann sich professionelle Begleitung suchen.

Viele letzte Wünsche müssen im Krankenhaus erfüllt werden, weil die Patienten zu schwach sind. Dann braucht es Fantasie, und manchmal muss man auch ein paar Gesetze übertreten, Stichwort Tiere, Alkohol und Zigaretten. Aber wo ein Wille ist, ist auch ein Weg.

Die heutigen technischen Möglichkeiten sind ein Segen vor allem für Menschen, die das Bett nicht mehr verlassen können. Via Internet können sie trotzdem am Leben ihrer Lieben draußen teilhaben. Und dann fährt die Oma bei der Führerscheinprüfung ihrer Enkelin mit.

Hin und wieder bringt die Verwirklichung eines Wunsches zerstrittene Angehörige wieder zusammen, die sich gemeinsam bemühen, den Wunsch wahr werden zu lassen. Gelegentlich habe ich mich gefragt, ob das nicht der eigentliche Grund für einen Wunsch war. Denn Versöhnung und Frieden ist für alle Sterbenden ein hohes Gut. Es stirbt sich leichter, wenn in der Familie Frieden herrscht. Der allerdings oft nur bis zur Testamentseröffnung währt, aber das ist eine andere Geschichte.

Manche letzten Wünsche können für die Angehörigen auch schmerzhaft sein. Zum Beispiel wenn ein Mann sein Kind sehen möchte, zu dem er seit Jahren keinen Kontakt hatte, weil die Mutter eine andere Frau ist als die jetzige Ehefrau. Oder noch schlimmer: Er möchte seine erste Frau sehen, die seine zweite Frau auf den Tod nicht ausstehen kann. Allein die Tatsache, dass er den Wunsch äußert, zeigt die gute Beziehung der beiden. Aber auch wenn er es gegen einen Widerstand tut: Es ist *sein* Abschied, und wir kennen die tief verborgenen unerledigten Dinge nicht, die Sterbende zu tun haben, um leichter gehen zu können. Verzeihen und Vergeben sind dazu zwei wichtige Schlüssel. Hier können Angehörige auch Brücken bauen, indem sie fragen: Möchtest du vielleicht noch jemand Bestimmten sehen? Möchtest du, dass ich jemanden anrufe? Manchmal brauchen die Menschen am Ende ein Zeichen, eine Erlaubnis ihrer Angehörigen. Wenn ein Mann jahrzehntelang brav seine Schuhe vor dem Haus auszog, niemals mit den Fingern auf Glasflächen tippte, sämtliche Sozialkontakte seiner Gattin überließ, dann hat er es vielleicht verlernt, einen Wunsch zu äußern, der gegen alle Regeln verstößt: Ich möchte meinen Sohn noch einmal sehen. Seit fast dreißig Jahren gibt es keinen Kontakt, er hat den jungen Mann zum letzten Mal getroffen, als dieser achtzehn wurde. Seine neue Frau wollte, dass er das Seil in die Vergangenheit kappte, und wie gesagt, sie bestimmte. Aber jetzt hat er einen Wunsch: »Ruf ihn an, bitte.«

Und sie fragt mich: »Wenn ich einfach sage, er ist gestorben? Denn das ist er doch für uns.«

Sie sagt: »Ich will das nicht. Man soll nicht in alten Wunden herumstochern.«

Am Ende entscheidet sie sich dafür, zu sagen, dass sie leider keine Adresse herausgefunden hat. Woraufhin ihr Schwager ihr mitteilt, dass dann wohl das Nachlassgericht übernehmen würde: »Die finden jeden.« Was wiederum zu einem Umdenken bei der Frau führte, doch sie konnte den Sohn tatsächlich nicht ausfindig machen, berichtete ihrem Mann aber von allen ihren Bemühungen – und das brachte die beiden am Ende noch einmal ein Stück näher zusammen, sodass sie sich schließlich verziehen für vieles, was nicht gut war in ihrer Ehe.

Als Krankenschwester war ich gelegentlich Zeugin von herzzerreißenden Versöhnungen. Es kommt öfter vor, dass sich Familienangehörige über Jahrzehnte nicht sehen. Der nahende Tod ist ein so schwerwiegender Grund, dass man seinen Stolz, seine Ehre, seine Kränkungen, was auch immer fallen lassen kann. Und dann liegen sie sich in den Armen und weinen. Versöhnung tut so gut, und es tut so weh, dass sie so viel Zeit ohne einander verbracht haben. Dem Bleibenden kann das eine Lehre sein, dem Gehenden kann es das Sterben erleichtern.

Wenn Angehörige solche Wiedersehen einfädeln »müssen«, weil die Kranken dazu nicht mehr in der Lage sind, sollten sie sich in die Sterbenden hineinversetzen, für die diese Versöhnung sehr wichtig ist, auch wenn sie selbst keine Notwendigkeit zur Versöhnung sehen.

Meiner Erfahrung nach können Menschen, die sich lebenslang um Persönlichkeitsentwicklung bemüht haben, flexibler reagieren. Doch gerade in Paarbeziehungen haben sich Gewohnheiten häufig zu Fronten verhärtet. Zudem hat man sich ein unverrückbares Bild vom Partner gemacht und ist nicht in der Lage, zu erkennen, dass der Tod keine Rücksicht auf unsere Projektionen nimmt. Wir kneifen die Augen zu und wollen nicht sehen, was der sterbende Mensch »erledigen« will, weil wir nur das Bild sehen. Er aber will nicht als Teil sterben, sondern als Ganzes, in Vollendung seiner gesamten Existenz. Er hat keine Kraft mehr, gewisse Dinge im Dunkeln zu halten …

Aber er muss nicht alles mit anderen besprechen, schon gar nicht mit der Familie. Davon können Krankenschwestern ein Lied singen, die früher, vor langer Zeit, als sie noch ein bisschen Zeit hatten, ab und zu an Betten saßen und so manche Geschichte hörten. Und natürlich Geistliche.

Wenn eine Sterbeamme ans Bett eines Schwerkranken tritt, hat sie keine Vergangenheit mit ihm und ist offen für alles, was kommen mag. Familienangehörige glauben im Allgemeinen, ganz genau zu wissen, wer ihr Angehöriger ist. Das kann ein Irrtum sein, da wir andere Menschen ja stets durch die Brille unserer Projektion sehen. Ich habe es einige Male erlebt, dass ganz am Ende des Lebens noch eine Neubegegnung erfolgte, weil einer der beiden den

Mut hatte, die Vorstellungen vom anderen fallen zu lassen und wirklich hineinzuspüren: Was braucht er, was braucht sie jetzt. Wenn ich Sätze höre wie »Das mag mein Mann nicht« oder »Meine Frau legt darauf keinen Wert«, gebe ich mich damit nicht immer zufrieden, sondern forsche nach, und nicht selten stellt sich dann etwas anderes heraus.

Da fallen mir die berühmten Semmelhälften ein. Kennen Sie diese Geschichte? Anlässlich ihrer goldenen Hochzeit fasst die Ehefrau sich ein Herz und gesteht ihrem Ehemann, der ihr beim Frühstück wie all die Jahre zuvor die obere Semmelhälfte reicht, dass ihr die untere lieber wäre. Woraufhin er ruft: »Aber warum hast du das denn nie gesagt! Fünfzig Jahre lang esse ich die untere Semmelhälfte, weil ich dir das Beste gönne: die obere!«

Nicht nur in Semmelfragen kann ein unbeteiligter Dritter eine große Hilfe sein. Es geht nicht darum, was ich glaube, was du möchtest, oder was ich glaube, was das Beste für dich ist. Es geht darum, was du wirklich möchtest. Dein Bestes kann ein völlig anderes sein als meines. Das ist auch die Frage, die von einer Ethikkommission gestellt wird, wenn keine Patientenverfügung vorliegt: Hat die Patientin den Wunsch geäußert … Es spielt keine Rolle, was die Angehörigen sich wünschen oder vermuten. Es geht um die Willensäußerung des Patienten.

Das Vogerl

Während Friedas Krankenzeit hatten sich die Pertussis aufgelöst. Ich wollte neue Bühnenformen ausprobieren, allein und auch mit wechselnden Besetzungen. Mein erster

Auftritt mit dem neuen Programm fand am 8. März, dem Internationalen Frauentag statt. Der Abschied von Frieda fiel mir schwer. Es ging nun sichtlich zu Ende. Sie war oft nicht mehr bei Bewusstsein, doch sie wollte, dass ich fahre.

»Schick mir ein Zeichen, wenn du drüben bist«, bat ich sie.

Sie nickte schwach.

Das Theater war voller gut gelaunter Gäste, vor allem Frauen. Viele Fans von früher waren gekommen, neugierig auf mein neues Programm. Ich war auch neugierig und sehr durcheinander. Ich saß in der Garderobe und puderte mir das Gesicht, da klingelte das Handy. Ich sah die Nummer und wusste gleich Bescheid.

Fünf Minuten später ging ich auf die Bühne und widmete meiner verstorbenen Freundin Frieda den Abend.

Ich hatte keine Ahnung, wie ich diese zwei Stunden überstehen sollte, aber weil ich für Frieda spielte, ging es, manchmal war es sogar schön.

In meiner Garderobe weinte ich bitterlich und auch beim Essen mit zwei Veranstaltern, die extra angereist waren, weil sie mich eventuell buchen wollten, erzählte ich von Frieda anstatt von meinem neuen Programm und meiner künstlerischen Zukunft. Und dann fiel mir ein, dass ich vor vielen Jahren sogar gefragt worden war, ob ich ein Sterbekabarett machen könnte.

»Ein was?«, fragten die beiden erstaunt und waren sich dann einig: »Alles, was du eben erzählt hast, über den Tod und das Sterben, das ist pures Leben. Es ergäbe ein unglaublich starkes Kabarettprogramm, weil es ein heißes Eisen anfasst. Und es könnte den Zuschauern wirklich was mit auf den Weg geben. Sozusagen Kultur.«

»Das wäre ein Programm mit Message.«

»Weißt was, Karin, wir machen mit!«

Ich freute mich, denn so war ich vor Jahrzehnten angetreten – in der Tradition der Protestsängerinnen. Nie wäre ich selbst auf die Idee gekommen, den Tod auf die Bühne zu bringen. Schon auf der Heimfahrt von diesem Auftritt spross ein kleiner Trieb für mein neues Programm.

Spät nachts stand ich an Friedas Bett, blieb bis zum Morgengrauen. Vögel sangen. Hatten die schon mal so herzzerreißend gezwitschert? Ja, ein Riss ging durch mein Herz, und nicht nur durch meines. Viele Menschen waren unendlich traurig, allen voran Karl und Hanna. Auch Gustav, der kleine Hund, trauerte. Eine schwere, schwarze Zeit begann für mich. Wie sehr ich Frieda vermisste! Ich vermisste sie so sehr, bei aller Dankbarkeit, dass wir ihren Abschied zu Hause geschafft hatten.

Hin und wieder flackerten Lichter.

»Hallo, Frieda«, sagte ich beglückt. Eine Frieda, ein Wort.

Aus einer Ecke heraus klopfte es unerklärlich.

»Ich hör dich, Frieda«, antwortete ich.

Während ich im Bad Zähne putzte, ging plötzlich die Dusche an, aus und wieder an.

Da musste ich lachen.

Eines Tages wollte ich Wäsche auf dem Balkon aufhängen. Da saß eine weiße Taube auf dem Geländer und schaute mir in die Augen. Vorsichtig stellte ich den Wäschekorb ab. Die Taube behielt mich im Blick. Waren es zehn, fünfzehn oder zwanzig Minuten? Sie saß einfach nur da und schaute mich an, und ich wusste es mit einer geradezu überirdischen Gewissheit: Das ist ein Gruß von Frieda. Da flog mich eine Melodie an und dann ein Text, und es entstand eines meiner bekanntesten Lieder: »Das Vogerl«.

Später habe ich gelesen und gehört, dass die Energie verstorbener Seelen sich kurzzeitig in Tieren niederlassen kann, vor allem in Vögeln und Schmetterlingen, um so Zeichen zu senden. Ich habe es seither oft erlebt. Zwei Erfahrungen haben sich mir eingeprägt.

Einmal bei einer Trauerfeier, ich hielt die Rede, kam eine Libelle in das Krematorium und flog im Zeitlupentempo an den Gesichtern der Trauernden vorbei, als suchte sie jemanden. Sie parkte eine Weile vor dem Gesicht der Witwe. Es war nun totenstill im Raum. Ich glaube, die meisten der Anwesenden hörten den Gruß ihres lieben Verstorbenen. Dann flog die Libelle im Zeitlupentempo wieder hinaus. Seither habe ich auch einige Erlebnisse mit gefiederten Botschaftern aus der Anderswelt erleben dürfen. Das gänsehautigste Erlebnis widerfuhr mir beim Singen meines Vogerl-Liedes beim Begräbnis von Sabine, von dem ich Ihnen etwas später erzählen werde. Jetzt singe ich erst einmal:

Vogerl

Nun steh ich hier, du bist nicht mehr
in mir ist alles furchtbar leer
zum Weiterleben seh ich koan Sinn
wo soll ich nur so alleine hin
ich steh am Friedhof nah bei dir
bunte Blumen die bring ich dir
die leg ich dir auf dein kaltes Grab
oder
in den Händ hab ich a Flascherl Bier
mit dem leg ich mich auf dein kaltes Grab
den Schmerz in meinem Herzen kaum ertrag

Da kommt a Vogerl geflogen
setzt sich nieder auf mein' Fuß
hat a Zetterl im Schnabel
ich glaub des ist von dir a Gruß

da muss ich lachen und ich steh wieder auf
schöne Momente die gab's zuhauf
in meinem Kopf ich dahin reis
ich erinner mich an dein Lieblings-Pistazieneis
des kauf ich mir jetzt ganz allein
und hau's in meinen alten Körper rein
die Sonne spiegelt dein Gesicht
ich denk an dich, ach ich denk an dich

Da kommt a Vogerl geflogen
setzt sich nieder auf mein' Fuß
hat a Zetterl im Schnabel
ich glaub des ist von dir a Gruß

Und abends bei am Glaserl Wein
wenn ich viel zu viele Tränen wein
da trinkst von irgendwo a Glaserl mit mir
und dann, dann kann ich reden mit dir
und während ich red kommt a bisserl was ins Lot
da bist auf einmal gar nimmer so tot
der Mond spiegelt dein Gesicht
Ich denk an dich, ach ich denk an dich.

Da kommt a Vogerl geflogen
setzt sich nieder auf mein' Fuß
hat a Zetterl im Schnabel
ich glaub des ist von dir a Gruß.

Talent zum Tod

Nach vier »freien« Jahren wollte ich nicht zurück in meinen Beruf als Krankenschwester. Eine neue Bühnenkarriere musste ich mir erst aufbauen. Ich überbrückte mit einer Halbtagsstelle bei einem Projekt in Regensburg, das körperbehinderten Menschen ein selbstbestimmtes Leben ermöglicht. Die Bewohner hatten eine Theatergruppe gegründet und baten mich zusätzlich, die Regie bei ihrem neuen Stück zu übernehmen. Da musste ich nicht lange überlegen. Es machte mich glücklich, dass ich meine Bühnenerfahrung teilen und meine beiden Existenzen als Künstlerin und Pflegefachkraft verbinden konnte. Ich wollte, dass das Stück ein Erfolg wurde.

Was man von meinem Vorsatz zur Abgrenzung nicht behaupten konnte. Ich schaffte es einfach nicht, meinen Dienst pünktlich zu beenden, wenn ich sah, dass ich noch gebraucht wurde. Wie es meine Art ist, kann ich Menschen nicht als Sachen behandeln. Ich mochte viele der Bewohner sehr gern und lernte auch viel in dieser Zeit, vor allem darüber, was Menschen ertragen können, die aus dem Raster fallen.

Einmal begleitete ich eine Rollstuhlfahrerin zum Friseur. Von den anderen wurde Elli nur »die Professorin« genannt, eigentlich war sie eine Universalgelehrte, wie sie in unserer Welt der Spezialisten ausgestorben sind. Ich glaube, mir ist nie wieder ein so dermaßen rundum gebildeter, warmherzig kluger und intelligenter Mensch begegnet. Zwei Doktortitel hatte sie auch.

Die Friseurin im Damensalon fragte mich: »Was soll ich ihr machen?«

Ich fragte Elli: »Du, Elli, ich soll dich von der Friseurin fragen, welche Frisur du haben magst.«

Daraufhin bekam Elli einen Lachkrampf. Der sah aber nicht so aus wie bei nicht körperbehinderten Menschen, sondern so, als würde sie mit dem Tode ringen. Spastische Krämpfe durchzuckten sie.

Die Friseurin ließ ihre Schere fallen und rannte schreiend raus.

»Wenn das keine Szene für unser Krüppel-Kabarett ist«, dachte ich laut.

Abends probten wir die Szene mit den anderen Darsteller*innen und überlegten einen Live-Haarschnitt auf der Bühne, denn Ellis Pony hing ihr noch immer tief in die Stirn. Nach dem Schock hatte die Friseurin nicht mehr arbeiten können und uns obendrein Salonverbot erteilt.

Die Arbeit mit den körperbehinderten Menschen machte mich nachdenklich und dankbar dafür, dass mein Körper mir einfach so folgte. Ich wollte gehen, er ging. Ich wollte eine Tasse zum Mund führen, er machte mit. Bei meinen lieben neuen Freundinnen und Freunden war das anders. Ihr Wille und das, was daraus wurde, waren zweierlei. Ein hartes Los, wofür sie auch noch bestraft wurden. Denn nicht selten wurde ihr Nicht-Können als Nicht-Wollen beurteilt, und man regte sich in der Öffentlichkeit über ihr unmögliches Benehmen auf, als wollten sie damit provozieren. Das war für mich schwer zu ertragen, und ich stürzte mich in manches Wortgefecht.

»Das bringt nichts, Karin«, sagten mir meine Schützlinge.

Es ließ mich aber nicht los, und einige der Begegnungen mit den lieben Mitmenschen flossen in unser Programm ein. Ich glaube, es hat manchen Besuchern die Augen geöffnet. Niemand kommt mit einem Rollstuhl zur Welt, und es kann jedem von uns jederzeit »passieren«, dass wir ihn brauchen. Wie ein epileptischer Anfall. Dass ich einen solchen jetzt aushielt, fiel mir erst nach einer Weile auf. Jetzt war ich wohl wirklich erwachsen!

Einmal fragte ich Elli, ob sie sich wünsche, »normal« zu sein.

»Normal?«, fragte sie gedehnt. Dann schüttelte sie den Kopf. »Normal auf gar keinen Fall.«

Ich präzisierte meine Frage, denn für Rollstuhlfahrer heißt das, was ich mit normal umschrieb, gehend. Sie sprechen von Fußgängern und Rollstuhlfahrern. »Wenn du durch ein Wunder zur Fußgängerin würdest«, fragte ich Elli.

Elli schüttelte abermals den Kopf und sagte: »Nein, ich glaube, das möchte ich nicht. Ich komme sehr gut zurecht in meinem Leben. Alles ist so eingerichtet, wie es passt.«

Wie das Leben so spielt, wurde nicht Elli zur Fußgängerin, sondern ich brauchte Räder. Mit zwei Rollstuhlfahrern war ich in einem Kaufhaus auf der Rolltreppe. Einem gelang es nicht rechtzeitig, die Bremse seines Rollstuhls zu lösen, sodass wir stehen blieben und mir ein Kinderwagen in die Achillessehne donnerte. Es gab einen Knall, dann war sie gerissen. Ich stürzte am Ende der Rolltreppe, die ständig Menschen antransportierte, die über mich und zur Seite sprangen, was zu tumultartigen Szenen führte. Die Augenzeugen waren überzeugt: »Der Rollstuhl hat die Frau überfahren.«

»Nein, es war der Kinderwagen!«, protestierte der junge Mann mit der festen Bremse. Doch keiner hörte auf ihn. Erst einen Unfall verursachen, die arme Frau auf dem Boden, und dann auch noch die Schuld auf eine unschuldige Mutter schieben.

Am nächsten Tag wurde ich operiert. Der Heilungsprozess war langwierig, und es war klar, dass ich mir einen neuen Job suchen musste, weil ich jetzt selbst auf Hilfe angewiesen war, zuerst im Rollstuhl, dann auf Krücken und danach noch lange humpelnd und verlangsamt.

»Wie wäre es, wenn du dich endlich mal um das kümmerst, was du eigentlich tun willst?«, fragte Elli mich.

Fragend schaute ich sie an.

»Deine eigene Praxis«, erinnerte mich die Universalgelehrte.

Elli hatte recht. Irgendetwas hielt mich immer zurück, obwohl ich über alle nötigen Ausbildungen verfügte, um richtig durchzustarten. Aber natürlich kamen die Klienten nicht auf Knopfdruck, ich brauchte Zeit, mir ihr Vertrauen zu verdienen. Und da ich stets auf Sicherheit bedacht bin, als Mutter von drei Kindern liegt mir das im Blut, beschloss ich, mit Bedacht zu beginnen. Als ich wieder gehen konnte, arbeitete ich wiederum halbtags, diesmal im Altenheim und auf Station. Ich war noch immer nicht wirklich gut zu Fuß und hätte keinen vitalen Rollstuhlfahrer begleiten können. Im Altenheim schwor ich mir, dass aus dieser Halbtagsstelle keine Ganztagsstelle werden sollte. Was schwierig war, da ich die Aldi Altenheim Band gründete. Aber es wurde nur eine Dreiviertelstelle, obwohl ich zusätzlich die dementen Bewohner als Clown besuchte.

Meine eigene Praxis gedieh, langsam und kontinuierlich. Anfangs kamen einige Menschen mit Missbrauchserfahrung, magersüchtige Mädchen und ein Alkoholiker, dazwischen immer wieder austherapierte Menschen oder Angehörige, die einen Schwerkranken begleiteten, und Trauernde in allen Stadien. Irgendwann stellte ich fest, dass mich Tod und Trauer schon wieder am Wickel hatten. Das war wohl mein Lebensthema. Und ich nahm es an, von Herzen gern. Ich blieb, und bei mir blieben der Tod und das Sterben, wie es mir von Anfang an bestimmt schien, wenn ich zurückdachte an meine Mutter und all die Erlebnisse im Krankenhaus. Ja, das war mein Platz im Leben, für den Tod hatte ich Talent.

Aber ich merkte auch, dass ich diesbezüglich noch viel lernen konnte, vor allem die Sache mit der Abgrenzung. Noch immer ging ich zu tief rein in die Geschichten. Ich kam zwar auch wieder raus, doch es kostete mich manchmal Mühe. Von meiner Ausbildung zur Sterbeamme erhoffte ich mir, zu lernen, wie ich das besser machen konnte.

Sterbeamme

Als ich das Wort Sterbeamme zum ersten Mal hörte, war ich geradezu elektrisiert. Ich hatte sofort eine klare Vorstellung, was das bedeutete. Bei einem Infoabend begeisterte mich Claudia Cardinal, und ich meldete mich zu der zweijährigen Ausbildung bei dieser erfahrenen charismatischen Sterbeamme an. »Nebenbei« führte ich meine Praxis weiter, arbeitete halbtags im Altenheim und probte mit der Altenheim Band, die ich mittlerweile als Ehrenamt übernommen hatte.

Mit Feuereifer stürzte ich mich in die Ausbildung. Wie viele tolle Menschen, vor allem Frauen, ich da kennenlernte! Es fühlte sich an wie ein Nachhausekommen. Wir beschäftigten uns mit Themen, die mich schon immer brennend interessiert hatten, und ich lernte viel Neues, zum Beispiel über die Weltreligionen. Es sterben ja nicht alle katholisch oder evangelisch. Welche Rituale sind für

Buddhisten wichtig, welche Regeln im Islam oder Judentum. Außerordentlich inspirierend waren für mich auch die Meditationsreisen. Und ich lernte endlich fundiert, was für mich persönlich wichtig war: Abgrenzen, Selbstschutz, Psychohygiene. Letztlich wurde ich daran erinnert, dass man in jedem Dreck eine gelbe Blume finden kann.

Dass man manchmal länger danach suchen muss, erlebte ich, als ich schlagartig ausgebremst wurde mit einer schlimmen Diagnose. Es war fraglich, ob ich meine Ausbildung zur Sterbeamme würde fortsetzen können. Und auch meine eigene Praxis, die nun von immer mehr Menschen aufgesucht wurde, mit denen ich zum Teil merkwürdige, ja geradezu skurrile Dinge erlebte.

Eines Tages bat mich ein junges Paar, dessen erstes Kind tot zur Welt gekommen war, um einen Hausbesuch. Die beiden rangen verzweifelt um Fassung. Sie wünschten sich sehnlich Kinder und wussten, dass sie für eine gemeinsame Familienzukunft einen guten Abschied von ihrem verstorbenen Kind brauchten. »Er hätte Maximilian geheißen«, erzählten mir die beiden und zeigten mir das liebevoll eingerichtete Kinderzimmer, den Wickeltisch, die vom Vater selbst geschreinerte Wiege. Und dann legten sie einige Bilder von dem toten Baby auf den Tisch; wie schlafend lag es im Arm der Mutter. Das war auch für mich sehr schwer auszuhalten. Wir sprachen lange miteinander und vereinbarten einen zweiten Termin in einer Woche. Als ich nach Hause fuhr, merkte ich, dass das Kind bei mir war. Es saß auf dem Beifahrersitz. Es saß nachts an meinem Bett. Am nächsten Morgen war es mit mir am See beim Schwimmen. Ich konnte es ständig spüren. Was tun? Ich war ratlos und wandte mich an meine Ausbilderin Claudia Cardinal.

Sie führte mich mit einer Meditation auf eine Fantasiewiese, auf der ich das Kind an der Hand einer alten Frau sah.

Seltsamerweise hatte das Kind keine Augen, sondern leere Höhlen. Wir kommunizierten auf eine ganz eigene Art, und nach dieser Begegnung in der Anderswelt kehrte das Kind nicht mehr zu mir zurück. Beim nächsten Treffen mit den Eltern erfuhr ich durch Zufall, dass einen Monat vor dem Tod des Kindes die Mutter der Frau, also die Oma des Kindes, plötzlich und unerwartet gestorben war. Ich dachte sofort an die alte Frau, die das Kind an der Hand gehalten hatte. War sie vorausgegangen, um ihr Enkelkind in Empfang zu nehmen?

Und dann hörte ich etwas, was mir Gänsehaut machte. Der Vater erzählte mir, dass sein Kind wie in einem Traum zu ihm gesprochen habe. »Es wollte nicht leben, weil es blind gewesen wäre.«

Die leeren Augenhöhlen! Fassungslos schaute ich den traurigen Vater an. Mein Blick irritierte ihn.

»Ist alles in Ordnung?«

Nein, wollte ich sagen. Aber dann begriff ich und sagte: »Ja.« In diesem Moment wusste ich mit absoluter Gewissheit, dass es die Anderswelt wirklich gibt.

Himmelfahrtskommando

Einige Wochen nach dieser Begebenheit durchzuckte mich ein starker Schmerz in der Brust. Herzinfarkt?, schoss es mir durch den Kopf. Doch dann war alles wieder normal, und ich vergaß die Episode. Doch sie kehrte wieder, und ich ließ mich durchchecken. Das Herz war in Ordnung, doch bei der Magenspiegelung wurde ein bösartiges Karzinom gefunden. Als der Arzt mir die Diagnose mitteilte, durchlief ich wie im Lehrbuch die vorhin geschilderten fünf Phasen.

»Sie müssen sofort operiert werden«, sagte der Arzt.

Doch eine Glasglocke hatte sich über mich gestülpt; ich verstand überhaupt nichts.

»Was haben Sie gesagt?«, fragte ich.

»Morgen früh«, sagte er.

»Aber es ist doch Weihnachten«, sagte ich; es war der 22. Dezember. Später war ich wütend, dass es gerade an Weihnachten herauskam und überhaupt, warum ich. Dann verzweifelte ich, denn ich hatte doch noch so viel vor. Das Wort *noch* bekam eine bedrohliche Bedeutung. Noch dies und jenes wollte ich tun. Dann glaubte ich an einen Irrtum. Bestimmt würde sich die Diagnose als falsch herausstellen. Das konnte einfach nicht sein. Dann weinte ich. Dann dachte ich, dass ich jetzt eben mal die Seiten wechseln würde. Es würde bestimmt gut ausgehen. Dann glaubte ich an kein gutes Ende, denn ich war Raucherin. Ich war selbst schuld. Also musste ich damit leben. Und damit sterben. Aber ich hatte doch noch so viele Pläne!

Ich verließ das Sprechzimmer des Arztes an diesem Tag mit einem Zettel in der Hand. Ich hatte ihn gebeten, meine Diagnose aufzuschreiben, weil ich sie mir nicht merken konnte und überhaupt nichts verstand. Ich bekam einen zweiten Zettel, der war rot, meine Einweisung ins Krankenhaus. Irgendjemand streichelte meinen Arm, und an der Tür stolperte ich über einen Schirmständer. Das ist alles, was ich von dem Termin bis heute in Erinnerung habe. Im Auto rief ich im Altenheim an und sagte, dass ich heute nicht zum Dienst kommen könnte und dass ich überhaupt in nächster Zeit nicht kommen würde und vielleicht gar nicht mehr. Dann rief ich meinen Mann an. Dann musste ich eine Zigarette rauchen, nein, eigentlich hätte ich zehn auf einmal rauchen müssen. Ich nahm eine aus der Packung, schaute sie an, spielte damit, dann zerknüllte ich sie und die Packung und stieg aus und warf die Packung in einen Mülleimer und schüttelte die Fußmatte aus und fuhr als Nichtraucherin, die ich heute noch bin, nach Hause.

Am 23. Dezember feierte ich mein persönliches Weihnachten, denn bei einer weiteren Magenspiegelung erfuhr ich, dass man mich doch nicht aufschneiden müsse, die Problemstellen konnten mit einer Schlinge entfernt werden. In den darauffolgenden Tagen dachte ich darüber nach, ob wirklich der Krebs mein Problem war. Beziehungsweise warum er sich entwickelt hatte, gerade jetzt. Ich kam zu dem Schluss, dass ich *noch* – da war das Wort wieder, aber diesmal voller Hoffnung –, dass ich noch immer nicht ganz auf meine Berufung vertraute. Abermals war ich vom Weg abgewichen mit meiner Tätigkeit im Altenheim, die mich in meiner eigenen Praxis ausbremste. Eigentlich hatte ich schon einmal ein Zeichen bekommen mit der gerissenen Achillessehne, doch das hatte mir wohl nicht gereicht.

Diesmal kam die Botschaft an. Ich schickte meine Kündigung ans Altenheim und befasste mich mit meinen Ängsten vor der Freiberuflichkeit. Würde ich genug Geld verdienen mit der Praxis? Mein Mann ist Künstler, begnadet und wenn auch nicht brotlos, so doch besitzlos. Nun, ich würde den Sprung ins kalte Wasser vertrauensvoll probieren. Wer nicht wagt, der nicht gewinnt. Und zu gewinnen hatte ich viel: endlich ganz auf meinem Weg bleiben. Ich würde konzentriert arbeiten können, nicht mehr hin und her springen, nicht mehr so zerrissen zwischen Altenheim, Auftritten, Ausbildung. Alles wäre dann aus einem

Guss. Zumal ich ja seit einiger Zeit mit meinen Mitmusiker*innen am Programm für das Sterbekabarett arbeitete.

Alle drei Monate hatte ich einen Termin zur Nachuntersuchung, und schließlich sollte meine Speiseröhre gelasert werden. Ich sah dem Eingriff gelassen entgegen, denn alle Untersuchungen waren ohne Befund. Doch bei der Vorbereitung zum Lasern wurden zwei neue Karzinome entdeckt: »Sie müssen leider ein paar Tage bei uns bleiben.«

Fünfzig Meter von meinem Patientenzimmer entfernt lag mein geschiedener Mann im Sterben. Unsere Kinder liefen hin und her, und auch ich besuchte ihn, meinen Infusionsständer neben mir herschiebend. Mühsam konnte er sprechen. Wir verabschiedeten uns tränenreich voneinander, nachdem wir uns viele Jahre nur sporadisch gesehen hatten. Für meine Kinder war diese Situation extrem belastend; sie befürchteten, beide Eltern auf einmal zu verlieren.

Zwei Tage nach dem geplatzten Lasertermin wurde ich operiert, und davor besuchte ich meinen geschiedenen Mann noch einige Male, zusammen mit meinen Kindern. Als ich aus der Narkose aufwachte, war der Vater meiner Kinder auf der anderen Seite. Ich bin dageblieben.

Es war mir klar, dass ich nun dringend eine Auszeit brauchte. Die vergangenen Ereignisse hatten mich sehr aufgewühlt, ich musste mich neu sortieren, sammeln. Nach der Beerdigung meines geschiedenen Mannes mietete ich mir eine Ferienwohnung am Chiemsee und zog mich eine Weile zurück. In einer sehr intensiven Zeit »verdaute« ich all das Geschehene. Allmählich breitete sich Dankbarkeit in mir aus. Für den guten Abschied von meinem Ex-Mann. Für unsere Kinder und dass ich jetzt eine glückliche Ehe führte, in der ich ganz ich sein durfte. Für die Blicke in die Anderswelt und auch in das Patientendasein.

Eines Tages besuchte ich einen Flohmarkt und kaufte mir für einen Euro ein Buch mit einem interessanten Titel: *Seelenrückholung* von Alberto Villoldo. Das war meine erste Begegnung mit dem Schamanismus, und ich wusste mit jeder Faser meines Körpers, meiner Seele, dass ich darüber mehr wissen musste, ja, dass das auch ein Nachhausekommen war. Und so machte ich mich auf die Suche nach einem Lehrer und fand ihn … am Chiemsee! Der Schamane hatte lange in der Mongolei gelebt und eröffnete mir eine neue Welt, die mir jedoch gar nicht so fremd war. Voller Begeisterung lernte ich, saugte alles in mich auf und erhielt wunderbare Inspirationen für meine Meditationsreisen. In Verbindung mit meiner Ausbildung zur Sterbeamme war diese Zeit extrem fruchtbar und bereichernd für mich. Nach und nach kamen weitere Puzzleteile dazu, sodass sich inzwischen meine ganz eigene Methode entpuppt hat.

Von meiner Handpuppe Susi habe ich bereits erzählt. Sie begleitete mich zu der alten Dame, die sich vom Acker machte. Aber es gibt auch noch Babette, meine zweite Handpuppe. Mit ihr stehe ich auf der Bühne, und sie ist auch sonst oft an meiner Seite. Manches von dem, was Babette und ich spielerisch aufführen, ist tatsächlich geschehen:

Maria hatte große Angst vor der letzten Abrechnung. Ob Petrus sie wohl aufnehmen würde? Oder würde er sie in die Hölle verbannen, ins Fegefeuer?

Babette fragte: »Maria, du hast doch Kinder?«
Maria: »Neun Stück!«
Babette: »Und als sie zur Welt kamen, da bist du doch übergeflossen vor Liebe, stimmt's?«
Maria: »Ja, schon. Aber das hat sich schnell geändert, da

haben s' dich angeplärrt die ganze Nacht, einen Scheiß nach dem anderen gebaut. Am liebsten hätte ich sie manchmal an die Wand geworfen.«

Babette: »Aber die Liebe ist doch geblieben?«

Maria: »Freilich. Für immer.«

Babette: »Ich hab neulich gehört, dass Gott unser Vater ist.«

Maria: »Ja, einen Vater haben die schon auch. Ich bin ja nicht die heilige Maria.«

Babette: »Ob Vater oder Mutter, die Kinder werden geliebt.«

Maria: »Viel zu gutmütig war der. Auf der Nase hat er sich rumtanzen lassen.«

Babette: »Ich hab gehört, dass diese Vaterliebe von Gott ungefähr mindestens in etwa genauso groß oder noch größer ist als die Mutterliebe, die wir Menschenkinder empfinden können.«

Maria: »Das glaub ich auch.«

Babette: »Hast du dich gefreut, wenn deine Kinder von irgendwoher heimgekommen sind?«

Maria: »Ja, narrisch hab ich mich gefreut. Aber wie sie größer geworden sind, hab ich mir das nicht anmerken lassen dürfen. Aber ich habe immer was besonders Gutes gekocht. Und wenn ich ihre Betten gemacht habe, habe ich zum Schluss noch mal mit der flachen Hand drüber gestrichen. So habe ich mich gefreut.«

Babette: »Genauso glaub ich, dass Gott sich freut.«

Maria: »Ach so. Ach so ist das.«

Babette: »Ja, so ist das. Weil, du hast doch deinen Kindern ganz bestimmt nicht die Hand ins Feuer gedrückt, wenn sie einen Scheiß gebaut haben?«

Maria: »Nie im Leben! Ich hab sie doch lieb!«

Babette: »Warum also soll Gott dich ins Feuer schicken?«

Entpuppt

Wenn eine Frau in meinem Alter mit einer großen Puppe unterwegs ist, sorgt das für Irritationen.

Einmal fuhr ich mit dem Zug zu einem Trauerkongress in Hamburg. Babette war nicht im Gepäck, sondern saß im Abteil neben mir. Ich nahm sie auch mit in den Speisewagen, die Gitarre hing auf meinem Rücken, und wir wurden neugierig beäugt.

»Sind Sie Bauchrednerin?« – »Wo ist denn Ihre Tochter (der die Puppe gehört) oder Ihre Enkelin (dito) …«

Die Fahrt dauerte sieben Stunden, und Babette hat sechs Stunden lang Trauertherapie im ICE gemacht. Wildfremde Menschen erzählten ihre intimsten Gedanken und Gefühle, berichteten vom Tod Angehöriger und von verstörenden Erfahrungen. »Einmal hatte ich einen schweren Unfall, und eigentlich war ich tot, aber ich sah mich von oben. Das habe ich noch nie jemandem erzählt.« Ein Mann vertraute Babette an, dass er mehrfach sein Sterbedatum geträumt hatte.

Als Babette und ich ausstiegen, war allen klar, dass Trauer und Tod und Kabarett kein Gegensatz sind, und mir war klar, dass die Puppen nicht nur im Altenheim wirken, sondern überall. In jedem von uns steckt ein Kind, und als Kinder haben wir unseren Kummer früher Puppen und Teddybären, auch anderen Gegenständen anvertraut, weil wir uns in einer magischen Welt der belebten Dinge aufhielten. Diese Ressource aktivieren Babette und Susi. Es ist auch leichter, mit einer Puppe zu sprechen, als mit einem Menschen, der eine Meinung hat und wertet, dem man sich anpasst. Die Puppe ist ein Projektionsfeld. Sie spiegelt, was man braucht. Verrückterweise klappt das auch bei Erwachsenen, die ganz genau wissen, dass ich die Stimme hinter der Puppe bin. Das verstecke ich auch gar nicht. Ich habe es allerdings oft erlebt, dass Babette Sachen sagt, die mir nicht einfallen würden, sodass ich selbst manchmal den Eindruck habe, Babette wäre ein eigenständiges Wesen oder es spreche etwas durch sie; das kann man interpretieren, wie man will. Ob die Stimme aus meinem unbewussten Inneren kommt oder von ganz woandersher. Wichtig ist das Resultat, und da kann ich nur immer wieder staunend feststellen, dass die Puppen Menschen dazu animieren, über Themen zu reden, die sie sonst niemals in Erwägung ziehen würden. Dass sie sich trauen, Fragen zu stellen, die normalerweise tabu für sie sind.

Wenn Babette und Susi in offizieller Mission unterwegs sind – sie begleiten mich als Clown in Altenheimen und manchmal auch im Krankenhaus –, reagieren auch die Mitarbeiter*innen auf sie. Reinigungskräfte fangen ein Schwätzchen an, Krankenschwestern unterhalten sich mit Babette, ein Stationsarzt hat sie schon mal mit dem Stethoskop abgehört. Auf einmal ist die Stimmung heiter. Bloß weil eine Handpuppe auftaucht. Nach all den Jahren ist Babette für mich fast eine gute Freundin, eine weise Frau, ach … ich hab sie einfach gern. Sie hat mir immer wieder gezeigt, wie einfach es ist, spielerisch Ressourcen zu aktivieren. Und wie gut das tut. Gerade auch in der Not, in schwerer Krankheit, beim Sterben.

Einmal besuchte ich eine sehr religiöse Frau in einem Pflegeheim. Ihre Tochter hatte mich engagiert, weil sie das Leiden der Mutter kaum mehr mitansehen konnte. Die alte Dame war fast neunzig, hatte starke Schmerzen und wollte sterben, doch sie konnte nicht. Eine Krankenschwester sagte mir, dass man schon von einem Wunder spreche, denn eigentlich müsste Frau Huber längst gestorben sein. Und sie wünschte es sich ja so sehr. »Ich weiß nicht, was es ist«, hatte mir ihre Tochter am Telefon gesagt. »Es kommt mir so vor, als würde der Tod sie nicht haben wollen. Auch der Pfarrer weiß sich keinen Rat mehr.«

Ich nahm Babette mit. Sie mag es, wenn Pfarrer aufgeben. Bereits nach zehn Minuten vertraute Frau Huber Babette an, dass sie schreckliche Angst vor dem Fegefeuer habe. Babette wollte wissen, wie genau sie sich das vorstelle und weshalb Frau Huber glaube, dass ihr das blühe.

Frau Huber seufzte schwer und »beichtete«, dass sie nach dem Tod ihres Mannes ein bisschen in ihren Nachbarn verliebt gewesen sei.

Ob es schön gewesen sei, fragte Babette.

Es wär ja nichts gewesen, sagte Frau Huber.

»Aber es kann ja auch schön sein, wenn nix ist«, sagte Babette.

»Ja, schon schön«, gestand Frau Huber und suchte nach Worten, um zu erklären, dass es aber auch furchtbar gewesen sei, weil die Unzucht auch im Kopf stattfinden kann.

Was schade ist, fand Babette, im Leib hätte man eindeutig mehr davon.

So plauschten die beiden Damen, und sanft führte Babette Frau Huber zum lieben Gott. Am Ende war Frau Huber klar, dass ihr lieber Gott ihr nichts Böses antun würde, im Gegenteil, er würde sie voller Liebe und Güte willkommen heißen.

Drei Tage später rief mich ihre Tochter an. »Die Krankenschwestern haben mir gesagt, dass meine Mutter nach Ihrem Besuch ganz entspannt war. Sie hatte auch kaum mehr Schmerzen. Was haben Sie ihr denn gesagt?«

»Da müsste ich jetzt Babette fragen, aber die wird es mir nicht verraten, sie schweigt wie ein Grab.«

Religiöse Horrorvorstellungen sind nicht selten ein Grund für Todesängste. Schon oft habe ich mich gefragt, wie die Kirche als Institution ihre Schäfchen so im Stich lassen, so viele Ängste in ihre Schutzbefohlenen pressen kann.

Einmal war bei einem Auftritt backstage die Heizung in meiner Garderobe defekt. Es war dermaßen saukalt, dass ich mich in der Pause mit Babette unters Volk mischte, sprich ins Foyer setzte. Keiner der Gäste sprach mich an. Aber alle wollten etwas von Babette wissen. Sie war der eigentliche Star, also nicht dass ich glaube, ich wäre einer. Seitdem gehe ich nach jedem Aufritt mit Babette ins Publikum. Wir haben schon Stuhlkreise gebildet und uns ausgetauscht, bis uns das Licht abgedreht wurde. Mein Sterbekabarett wirkt wie ein Türöffner. Lange verhärtete Tabus weichen auf, gerade durch die Heiterkeit; Humor macht durchlässig. Und dann reden wir noch ein bisschen über die Gedanken, die durch meinen Auftritt aktiviert wurden. Oder die Menschen rufen mich danach an. Ja, es wird sogar gezielt nach ihr gefragt: »Ist die Babette auch da?«, wollte einmal ein Mann wissen.

»Da muss ich mal schnell in ihren Terminkalender schauen«, entgegnete ich.

»Das wäre nett«, sagte der Mann vollkommen ernst.

Babette aktiviert wohl wirklich das innere Kind, das in jedem Menschen steckt. Das innere Kind, dem es leichtfällt, mit Teddybären und Puppen zu kommunizieren. Vor einiger Zeit war ein erfolgreicher Manager bei mir, der immer tiefer in eine Depression gerutscht war. Die verschriebenen Psychopharmaka machten ihn zu einem »Roboter«;

er wollte am Leben teilhaben, doch die schwarze Wolke senkte sich immer wieder über ihn.

Mit ihm und Babette ging ich wie mit so manchem Klienten in das Donaueinkaufszentrum in Regensburg, um ein Kuscheltier auszusuchen. So was kann man sich nicht im Internet bestellen, das muss man anfassen, spüren. Es ist so ähnlich wie mit einem Hund, den man nicht aussucht, sondern der einen aussucht. Der circa fünfzigjährige Mann in Businesskleidung marschierte auf einen quietschgrünen Riesenteddy zu, der ihm bis zur Brust reichte. Natürlich dachte der Verkäufer, er sei für seinen Sohn oder Enkel.

»Wie alt ist er denn? Oder ist es eine Sie?«, erkundigte er sich.

»Vier oder fünf«, entgegnete der Manager wahrheitsgetreu.

»Ja, gell, die Zeit vergeht so schnell, da weiß man manchmal gar nicht mehr«, sagte der Verkäufer höchst kundenorientiert.

»Hin und wieder auch sieben oder acht«, erklärte der Manager, der von seinem inneren Kind sprach, wahrheitsgetreu.

»Ja, wenn Sie mehrere Kinder glücklich machen wollen, dann ist das eine gute Wahl«, meinte der Verkäufer, nun ein wenig irritiert, zumal er mich und Babette nicht einordnen konnte. »Mein« Manager war schon mehrmals bei mir gewesen und kannte meine unkonventionelle Art. An die müssen sich manche Menschen erst einmal gewöhnen – nicht allen taugt sie. Aber bei uns passte es, und durch den Humor weichte die Depression meines Klienten wirklich auf. Er kaufte den sehr teuren Riesenteddy und trug ihn stolz wie ein Dreijähriger über den großen Parkplatz zu seinem Auto. Das Herz ging mir auf.

Zwei Wochen später erzählte er mir am Telefon, dass er

jetzt bei langweiligen Besprechungen manchmal überlege, welche Kuscheltiere seine Mitarbeiter und Kunden wohl neben sich sitzen hätten, wenn sie den Mut dazu hätten. Und dass er sich vorstelle, wie anders die Besprechungen verlaufen würden, wenn die Kuscheltiere sichtbar wären, denn unsichtbar wären sie alle da, wenn man sich in einem Meeting fühle wie im Sandkasten, wo der eine dem anderen seine Schaufel auf den Kopf schlage, ihm Sand in die Augen werfe, petze, weinend zur Mama renne und so weiter. Und er vermutete: »Wenn das allen bewusst wäre, würden wir sehr viel Zeit und Energie sparen.«

Normalerweise gehen Menschen mit ihren Kuscheltieren, oder was auch immer es sein mag, nicht so plakativ um. Dieser Klient hatte seinen Vater im Alter von vier Jahren verloren, und seine Mutter starb, als er zehn war. Die verdrängte Trauer um die beiden brauchte Jahrzehnte, um ihn zu erreichen.

Eine Bekannte erzählte mir neulich, dass sie bei einer Verlosung anlässlich eines Firmenjubiläums eine Stoffpuppe gewonnen hatte. Abends im Hotel hatte sie die Stoffpuppe neben sich auf das Kissen gelegt. »Auf einmal habe ich mit ihr geredet! Mit einer Puppe! Und es hat richtig gutgetan. Ich glaube, das mache ich jetzt öfter.«

Man kann auch Tagebuch schreiben oder mit seinem Haustier sprechen oder mit der Waschmaschine – all diese Momente des Innehaltens sind Psychohygiene. Man muss es ja niemandem erzählen. Hin und wieder ist es auch schön, ein Geheimnis mit sich selbst zu haben!

Eine ebenso intensive Brücke zu anderen Menschen wie Babette ist auch die Musik. Mit Musik habe ich oft Kontakt zu Menschen geknüpft, die angeblich nicht mehr erreichbar sind, zum Beispiel wegen Katatonie, Schizophrenie, Demenz oder auch im Koma. Musik, der Hörsinn, gehört zur basalen Stimulation, und ich setze sie in meiner Praxis sehr oft ein. Gerade demente Patienten blühen bei den Volksliedern von früher auf. Melodien von Kinderliedern wirken beruhigend auch auf Erwachsene. Vielleicht erinnert man sich an seine Kindheit, eine liebevolle Mama, die am Krankenbett für einen sang.

Nicht selten sind »lebende Tote« durch Musik aufgewacht aus ihrer zähen Zurückgezogenheit, haben mitgesummt oder sogar gesungen. Als Krankenschwester habe ich meinen Dienst oft singend beendet. »Guten Abend, gute Nacht«, mit diesem bekannten Volkslied zog ich von Zimmer zu Zimmer.

Unvergessen ist mir eine Nachtschicht als Springerin. Mein erster Sohn war damals noch kein Jahr alt, und wenn Not an der Frau war, übernahm ich Nachtdienste in der Klinik. In dieser Nacht war ich in der Intensivstation eingeteilt. Mit einer Kollegin wollte ich eine Patientin im Wachkoma umlagern. Die Patientin hatte seit Wochen keine Reaktion gezeigt. Während meine Kollegin und ich alles vorbereiteten, erzählte ich ihr im Mutterglück von meinem Sohn. Wie lieb ich ihn hatte, was er schon alles konnte, was Lustiges passiert war. Ich machte auch eine Szene nach, in der ich in Babysprache redete. Da schlug die Patientin plötzlich die Augen auf und schaute uns an, zuerst von weit her, dann kam sie allmählich an. Ich fuhr fort, diese Laute zu sprechen, die man normalerweise bei Kindern oder Haustieren sagt. Immer klarer wurde der Blick der Patientin, dann lächelte sie, schloss die Augen und zog sich wieder zurück. Heute noch laufen mir Tränen über das Gesicht, wenn ich an diesen Moment denke. Damals habe ich begriffen, dass wir uns von starren Regeln trennen müssen, wenn wir sterbende Menschen wirklich gut begleiten wollen.

Später habe ich die Erfahrung gemacht, dass Patienten ungeliebte Berührungen leichter ertragen, wenn ich dabei singe, summe, Kinderlaute töne. Umlagern, waschen, wickeln, das ist für einen schwer kranken Menschen, den jede Bewegung schmerzt, anstrengend und mühsam. In eine Melodie gebettet wird alles leichter. Für beide Seiten. Wenn ich genervt bin oder gar fluche, dauert alles doppelt so lange. Wie man in den Wald hineinruft, so schallt es heraus. Und das klappt auch bei aggressiven Patienten, die wütend über ihr Schicksal sind, die ihre Verzweiflung und ihren Zorn am Pflegepersonal auslassen, die schlagen und treten. Mit einer Melodie auf den Lippen bin ich an ihr Bett getreten, es waren nicht immer Kinderlieder, ich habe auch das Lied »Lili Marleen« gesungen oder etwas von Freddy Quinn, Peter Kraus … und die Lage entspannte sich. In Zukunft sind wohl eher Elvis, die Beatles, die Stones, Bob Dylan, Pink Floyd und dann Michael Jackson und Madonna angesagt.

Leider habe ich in der Pflege gelegentlich ein Wetteifern erlebt, wer es am besten macht, wen die Patienten am liebsten mögen. Das ist zwar menschlich, aber ich finde, wir sollten unsere Energie nicht mit so einem Schmarrn verschwenden. Als junge Schwester konnte ich nicht gut damit umgehen, wenn meine Kolleginnen merklich genervt von meiner Beliebtheit waren. Doch als es sich im Krankenhaus herumsprach, dass ich ein zweites Standbein als Kabarettistin hatte, gestand man mir so etwas wie Narrenfreiheit zu. Meine Kolleginnen und Kollegen fühlten sich nicht mehr im Wettbewerb mit mir, ich war außen vor und durfte mit den Patienten singen und tönen und Späßchen machen oder mal eine unkonventionelle Idee ausprobieren: »Die Karin ist halt so«, hieß es dann. Zuerst nahm ich das als Auszeichnung, später wünschte ich mir, es gäbe mehr von uns.

Ich bin ja kein Einzelfall, aber wir sind leider in der Minderzahl. Wie ich schon oft gesagt habe: Der Tod scheißt auf Regeln. Improvisieren ist das Gebot der Stunde. Mir selbst tat es auch gut, diese K, Krankenschwester und Kabarettistin, zu verbinden. Viele Rückmeldungen zeigten mir, dass ich auf dem richtigen Weg war, was bedeutete: Es tat den Patienten gut.

Ich habe auch meine Gitarre mit zum Dienst genommen. Damals lagen oft fünf Patienten in einem Zimmer, das war dann schon ein kleines Konzert. Unvergessen ist mir eine schwer kranke Patientin, die seit einem Jahr nicht mehr gesprochen hatte und nur noch in Embryostellung liegen konnte. Mit riesengroßen blauen Augen schaute sie mich an, und auf einmal krächzte sie Töne, die klangen, als würde ein Eimer Wasser an einem faserigen Seil einen Brunnen hochgezogen. Zuerst kam brackiges Wasser, dann klares, ihre Stimme, ein zarter Sopran, und sie sang mit mir: »Hoch auf dem gelben Wagen«. Rechts von ihr brummte es unter einer Sauerstoffmaske mit. Und links sah ich einen großen Zeh aus einer Bettdecke lugen, der sich ein bisschen bewegte.

Viele solcher Glücksmomente durfte ich in meinen Jahren als Krankenschwester sammeln. Und auch heute noch musiziere ich mit und für meine Klient*innen, und dann öffnen sich Türen, denn Musik ist die Sprache des Herzens.

In den Wehen des Sterbens

Jede schwangere Frau wünscht sich eine gute Geburt – ein großes Lebensereignis, genauso wie der Tod. Zwischen diesen beiden Polen spielt sich das Leben ab. Während werdende Eltern sich zumeist sehr gut auf die Geburt vorbereiten, beschäftigen wir uns mit dem Tod eher weniger. Wir besuchen keinen Bestatter, um mal Probe zu liegen, wir schaffen es vielleicht gerade einmal, ein Testament und eine Patientenverfügung aufzusetzen, so unangenehm ist dieses Thema. Leider weiß man auch so wenig darüber. Man kann sich nicht mit Freundinnen darüber austauschen: »Sag mal, Isolde, warst du mit deinem Tod eigentlich zufrieden?« Oder: »Warst du mit deinem Lebensfilm am Ende einverstanden?«

Und hört: »Nein, ich hab ihn umgetauscht.« Oder: »Ja, unbedingt. Kann ich dir vorbehaltlos empfehlen.«

Bei den Buddhisten sind Geburt und Tod wichtigere Ereignisse als das Leben. Das ist für sie nur ein Bindestrich zwischen diesen beiden bedeutenden Polen. Das Leben wird als Vorbereitung auf den Tod gesehen; es soll dazu genutzt werden, sich zu entwickeln, zu wachsen, zu reifen, um einen guten Tod zu gestalten und im nächsten Leben noch ein bisschen mehr zu leuchten in der sogenannten Buddha-Natur.

Und wenn *unsere* Zeit gekommen ist: Werden wir zurückschauen und einverstanden sein? Es wird vielleicht nicht immer so gelaufen sein, wie wir uns das vorgestellt haben. Doch alles in allem betrachtet war es gut so. Wir verbrachten viele Jahre auf der Erde, diese Jahre neigen sich dem Ende zu. Idealerweise dürfen wir so lange bleiben, bis unser Körper müde geworden ist, lebensmüde, und unsere Seele vielleicht heimgehen möchte. Wir haben die große Gnade erfahren, zur Neige gelebt zu haben. Dankbarkeit ist ein fruchtbarer Acker für einen bewussten Tod.

Manche Menschen sind in Todesnähe sehr, sehr schwach. Das Sprechen strengt sie an, sie können sich vielleicht auch nicht mehr konzentrieren. Je nachdem, welche Medikamente sie erhalten, dämmern sie nur noch vor sich hin. Andere sehen ihrem Ende in großer geistiger Klarheit entgegen. Wie es sein wird, weiß man vorher nicht. Man kann auch an Demenz erkranken, sehr viele Ängste ausstehen und/oder sich im Geiste verjüngen. Gerade an dementen Patienten können wir lernen, Sterbende in Würde zu verabschieden, denn die Demenz und noch mehr die Alzheimer-Krankheit ist ein Tod auf Raten. Die Erkrankten fallen aus der Zeit, aus unserer Welt. Für sie gelten die Regeln der Leistungsgesellschaft nicht mehr. Eine neunzigjährige Frau erzählt mit einem koketten Lächeln, dass sie jetzt gleich ein Rendezvous hat, sie braucht unbedingt ihren Lippenstift. Eine andere weint, weil sie ihr Kind verloren hat, und es ist, als wäre es eben geschehen. Ein hochbetagter Mann kann nicht im Bett liegen bleiben, weil er Zeit seines Lebens Nachtwächter war. Was tun wir mit diesen Menschen? Fixieren wir sie, damit sie keinen Blödsinn machen und womöglich losziehen, um Lippenstifte und verstorbene Kinder zu suchen? Ich habe meinen Lippenstift gern ausgeliehen. Ein funkelndes Kinderglück glomm in den Augen der Dame auf. Ja, jetzt war sie schön, wenn auch bis zu den Nasenlöchern, und vorbereitet für ihr Rendezvous, das sie mit geschlossenen Augen genoss. Den Nachtwächter habe ich mitgenommen auf meine Tour. Habe ihm vor jedes Patientenzimmer, in dem ich zu tun hatte, einen Stuhl gestellt und ihn gebeten, aufzupassen. Nach vier Zimmern war er so müde, dass er mich fragte, wie lange er noch Dienst hätte. Ich dankte ihm für seinen tollen Einsatz und brachte ihn in sein Zimmer. Ohne Widerspruch legte er sich ins Bett und war sofort eingeschlafen, was meine Kollegin gar nicht glauben wollte, weil dieser Patient, der Horror der Station, doch jede Nacht so einen Terz machte.

Ich will keiner Kollegin die Kompetenz absprechen, das System treibt uns in menschenfeindliche Situationen. Viele könnten relativ einfach gelöst werden. Aber unkonventionelle Methoden kosten Zeit und sind bei einem Pflegenotstand nicht machbar. Da haben die Schwestern auch keine Muße, die Neunzigjährige zu fragen, in wen sie denn verliebt sei.

Viele demente Menschen rufen nach ihrer Mama. Auch sterbende. »Mama« ist das letzte Wort vieler Soldaten. Darauf können wir antworten: »Sie ist doch schon lange tot.« Womit wir sie in tiefste Verzweiflung stürzen können. Oder wir sagen etwas wie: »Sie kommt gleich.« Oder: »Bald bist du bei ihr.«

Nur ein paar Worte? Ja, aber wichtige Worte, die die Welt der Betroffenen verändern.

Mit der Mutter begann es, mit der Mutter, Mama, Mutti hört es auf. Tod und Geburt sind sich sehr ähnlich. Wir tun alles, um die Bedürfnisse eines Säuglings zu erfüllen, auch wenn es manchmal ganz schön anstrengend ist. Wir schlafen die Nächte nicht durch. Das kleine Wesen schreit, wir gehen hin, obwohl wir keinen Grund dafür sehen, dass man jetzt so schreien muss. Ein sterbender Mensch hat auch Bedürfnisse, die wir vielleicht nicht nachvollziehen können. Sein Leben geht zu Ende, und das erfüllt uns mit großer Trauer, die uns manchmal nicht so bereitwillig und geschmeidig aufspringen lässt, wie wenn wir ans Bett eines Säuglings laufen. Dieses Leben liegt wie eine gerade frisch ausgepackte Tafel Schokolade vor einem kleinen Kind. Wir können ihm beim Wachsen und Gedeihen zusehen, und was wir alles miteinander erleben werden! Große, leuchtende Freude. Jeden Tag wirkt der kleine Mensch selbstständiger, lernt Neues, das erste Lächeln, das erste Mal auf eigenen Beinen stehen, die ersten Schritte. Doch genau genommen sind es Schritte Richtung Ende, der Tod ist das Ziel. Die Lebensuhr tickt. Ist das schrecklich und traurig? Nun, so ist es eben. Wir wachsen und gedeihen, wir blühen, wir vergehen. Frühling, Sommer, Herbst und Winter. Und dann vielleicht aufs Neue, Runde um Runde. Wenn es uns gelingt, unseren Tod als Geburt in die geistige Welt zu betrachten, ist das Ende stets auch ein Beginn.

Der oder die Sterbende tritt die Heimreise an. Er oder sie verschwindet nicht auf Nimmerwiedersehen, sondern geht nur voraus, und irgendwann werden wir ihm oder ihr folgen. Heute helfen wir beim Kofferpacken. Materielle Dinge kann man nicht mitnehmen, doch wir können diesen Menschen mit unserer Liebe versorgen, ihn halten und streicheln und massieren und seine Wünsche erfüllen, falls er sie äußern kann.

Als Krankenschwester habe ich sehr viele Menschen begleitet, die durch Medikamente nicht mehr bei Sinnen waren, und ich habe auch sehr viel Angst wahrgenommen, besonders bei jenen Menschen, die lebenslang vor dem Tod zu fliehen versuchten. Für mich ist die Beschäftigung mit dem Ende ein Training. Je besser wir unseren Sterbemuskel im Lauf des Lebens vorbereiten, desto leichter kommen wir am Ende zurecht. Und wie trainieren wir ihn? Mit Insich-Gehen, Sinnieren, Meditieren, Beten, Wahrnehmen, was ist, vor allem das Schöne und Gute, worüber wir dankbar sind, und Vertrauen, Zuversicht und Liebe, Liebe, Liebe. Das ist Geburtsvorbereitung für den Tod. Bei dem wir nicht allein sind, keiner von uns. Ihr Schutzwesen begleitet Sie, nicht nur in der Stunde Ihres Todes.

Atempause

Je freier wir atmen, desto leichter die Geburt. Öffnung und Hingabe, Vertrauen, Einverstandensein, Loslassen – all das erfahren wir Atemzug für Atemzug. Das Bewusstsein für die Wechselbeziehung von Atem, Körper und Geist ist in unserer durchgetakteten Zeit aber weitgehend verloren gegangen. Viele Menschen fühlen sich oft geradezu atemlos. Wenn wir im Stress sind, atmen wir kurz und flach. Fühlen wir uns ausgeglichen, vertieft sich der Atem. Glücklich, heiter, entspannt atmen wir tiefer als ängstlich, zornig, gestresst. Und es funktioniert auch andersherum. Die Art und Weise, wie Sie atmen, beeinflusst Ihr Befinden. Sich den Atem jeden Tag ein paar Mal bewusst zu machen, verändert das Leben. Im bewussten Atemfluss entsteht eine tiefe innere Verbindung mit sich selbst, den Mitmenschen, die die gleiche Luft wie wir ein- und ausatmen, mit der Schöpfung um uns herum. In zahlreichen Kulturen und Religionen wird der Atem als die Essenz der Seele betrachtet, eine Verbindung zum Göttlichen.

Mit bewusster Atmung können wir auch Schmerzen besser aushalten, das weiß jede Mutter, die es geschafft hat, deshalb absolvieren wir ja Geburtsvorbereitungskurse. Und auch beim Sterben hilft der Atem. Sehr erfahrene buddhistische Mönche, die lebenslang praktizieren, können mithilfe bestimmter Techniken sogar ihre Seele aus dem Körper atmen, wie ich gelesen habe. Aber ich bin fürs Hierbleiben und dafür, sich zum Beispiel über den Atem mit seinem Schutzwesen zu verbinden. Es ist zwar immer bei uns, doch wir nehmen es nur dann bewusst wahr, wenn wir unser Bewusstsein verändern, uns zu ihm hinatmen. Wenn wir das oft üben, können wir es in der Stunde unseres Todes hoffentlich abrufen.

Am Ende fällt das Atmen schwer, deshalb ist es wichtig, dass der Kopf höher liegt als die Füße. Das gilt auch für Schwerkranke, deren letztes Stündlein noch nicht geschlagen hat. Bei ihnen kann sich durch langes Liegen eine Lungenentzündung entwickeln, übrigens eine sehr häufige Todesursache. Geht es dem Ende zu, rasselt der Atem, die Lunge blubbert. Das ist ein sehr schwer erträgliches Geräusch. Im Krankenhaus wird ihm mit Absaugen begegnet. Doch tun wir damit den Patient*innen einen Gefallen oder nur uns selbst, weil wir es dann nicht mehr hören müssen? Absaugen führt zu vermehrter Schleimproduktion und ist eine Qual für die Patient*innen. Nicht jedoch das Brodeln und Blubbern, das entsteht, weil die Muskeln erschlaffen und das Gaumensegel flattert. In einem vitaleren Zustand könnten die Patient*innen abhusten oder ausspucken, doch dazu fehlt ihnen die Kraft, und so brodelt und blubbert es, und die Angehörigen glauben, das müsse so wehtun, wie es sich anhört. Das ist aber ein Irrtum.

Je nachdem, ob und welche Medikamente gegeben werden, beeinflussen sie auch die Atmung, die sehr langsam werden kann. Die richtige Dosis erfordert Fingerspitzengefühl: Wenn man zu viel gibt, führt man einen Atemstillstand herbei, womit man das Sterben beschleunigen kann. Am Ende wird der Atem so dünn, die Pausen sind so lang, dass die Angehörigen, die um das Bett des Sterbenden sitzen, häufig erst nach einer Weile merken, dass es jetzt vollbracht ist.

Mit dem Tod erschlaffen die Muskeln. Die Verstorbenen lassen unter sich. Wenn ich als Sterbeamme anwesend bin, bitte ich die Angehörigen kurz aus dem Zimmer und säubere den Verstorbenen. Auch nach dem Tod kann es zu kleinen Malheurs kommen, deshalb werden von Bestattern alle Körperöffnungen verschlossen. Ist es nicht kurios? Wir sehen täglich unzählige Tote im Fernsehen, doch wie sie versorgt werden, das wissen nur die wenigsten.

Als Krankenschwester war ich dazu angehalten, den Todeszeitpunkt zu notieren. Man kennt das aus Krimis. Manchmal haben mich Angehörige gefragt: »Ist es jetzt vorbei?« Am Ende ist das wirklich manchmal kaum zu erkennen. Todesnähe erinnert an Tod. Doch wenn der Tod dann tatsächlich eingetreten ist, wird das auch sichtbar. Von den Leichenflecken habe ich schon gesprochen. Was mich immer wieder erstaunt, ist die Glätte, die Reinheit, die in einem Gesicht einzieht, gerade so, als hätte der Tod mit einem Bügeleisen Hand angelegt. Selbst alte Gesichter sehen auf einmal wieder jung aus, Falten glätten sich, Friede zieht ein. Ich habe noch nie einen hässlichen oder verkrampften Toten gesehen. Gewiss, die Muskeln erschlaffen. Doch mir erscheint es immer so, als würde der Körper sich in seinen Feierabend vertiefen. Die Arbeit ist getan. Jetzt erfolgt das große Ausruhen und die Rückkehr in den Kreislauf von Mutter Erde. All das kündigt sich an, wird vorbereitet in einem fortschreitenden Sterbeprozess. Hierbei überkommt die meisten Menschen eine Somnolenz, eine Benommenheit und Bewusstseinstrübung. Manchmal habe ich den Eindruck, dass die Seele sich in diesem Stadium schon auf den Weg gemacht hat, vielleicht wie eine Kerze, die man ausgeblasen hat. Ein dünner Rauchfaden steht noch in der Luft, man riecht ihn auch. Doch die Flamme ist erloschen. Wie das Leben in diesem Leib. Diese Beobachtung haben mir einige Angehörige erzählt, die am Sterbebett saßen. Es gibt auch die Meinung, dass die Seele sich sogar bei einem plötzlichen Tod kurz zuvor schon verabschiedet, etwa bei einem Autounfall, wenn sie, salopp ausgedrückt, vor dem Aufprall einen Abflug macht. Das ist ein großer Trost für Menschen, deren Angehörige durch einen schlimmen Unfall zu Tode kamen, zum Beispiel mit dem Motorrad. Ein abgerissenes Bein, verbluten … das sind entsetzliche Bilder. Was man sich ausmalt, ist in der Regel schlimmer als die Realität. Es gibt sehr viele Erfahrungsberichte von Menschen mit schwersten Verletzungen in Todesnähe, die schildern, dass sie währenddessen keine Schmerzen verspürten.

Einer der ersten Berichte über dieses Phänomen stammt von dem großen britischen Forschungsreisenden David Livingstone, der als Mediziner und Missionar in Afrika lebte. 1844 wurde der damals Dreißigjährige von einem Löwen angegriffen. Livingstone erlebte bei vollem Bewusstsein, wie der Löwe seinen Arm zermalmte. Doch er verspürte keinen Schmerz. Was für eine gnädige Einrichtung der Natur; das denke ich mir auch, wenn ich sehe, wie Raubtiere jagen. Vermutlich spüren ihre Opfer nichts, auch wenn der Sprung an die Kehle und der Biss in die Halsschlagader sehr brutal aussehen. Das Gehirn schaltet, wenn wir in höchster Not sind, unser Schmerzempfinden mittels biochemischer Substanzen aus. Ein Sterbeprozess bei einer schweren Erkrankung dauert jedoch meistens länger, was auch unserer guten medizinischen Versorgung geschuldet ist. In den letzten hundert Jahren hat sich unsere Lebenserwartung mehr als verdoppelt. Derzeit beträgt die durchschnittliche Lebenserwartung bei der Geburt in Deutschland für Frauen 83,4 und für Männer 78,6 Jahre. Das halte ich mir manchmal vor Augen: Vor hundert Jahren, Karin, sage ich zu mir, wärst du schon gar nicht mehr da. Dann könnte ich Ihnen auch nicht von Sabine erzählen. Auch ihr, so wie Frieda, verdanke ich unendlich viel, und ich durfte in der Begleitung ihres Abschieds sehr viel lernen.

Sabines Amselarie

Sabine hatte in der Zeitung über mich gelesen und war begeistert. Sterbeamme und Sterbekabarett, das erschien ihr als richtige Begleitung, denn sie musste, schwer an Krebs erkrankt, dem Tod ins Auge sehen. Als sie das erste Mal in meine Praxis kam, hatte sie einen künstlichen Darmausgang und sehr viele körperliche Beschwerden. Dennoch strahlte sie Lebensfreude aus. Sie sagte mir, dass sie vor ihrem »Abflug« noch einige Dinge erledigen wollte, vor allem ihre Familiengeschichte betreffend. Dazu wollte sie gern mit Aufstellungen arbeiten. Der Begriff Familienaufstellung stammt aus der systemischen Therapie, in der Probleme nicht isoliert, sondern eben systemisch betrachtet werden. Alles hängt zusammen, und diese Therapie verfolgt den Ansatz, die Zusammenhänge herauszufinden. Mithilfe von Aufstellungen wird das Geflecht sichtbar.

Heute werden Aufstellungen auch außerhalb von Familien eingesetzt, ob im Business oder zum Beispiel beim Drehbuchschreiben, um die Konflikte der Protagonisten sichtbar zu machen. Als Sabine zu mir kam, hatte ich schon sehr viele Aufstellungen geleitet; ich halte sie für ein hervorragendes Werkzeug, um Licht ins Dunkel zu bringen, Verstrickung mit den Ahnen zu erlösen und um unerledigte Dinge zu erledigen.

Sabine lag es am Herzen, die Trennung von ihrem Mann zu bereinigen, doch sie wollte nicht persönlich mit ihm sprechen, sondern ihre Einstellung zu ihm in einer Aufstellung beleuchten. In der Regel verändert eine Aufstellung auch die Realität, es fühlt sich ein bisschen wie Zauberei an. Jemand stellt seinen Chef auf, der nichts davon weiß, und danach benimmt sich der Chef anders … weil sich das Umfeld verändert hat. Auch wenn es eine hauchfeine Veränderung ist, sie kommt an. Davon abgesehen, spielt natürlich auch das Universum mit, das bekanntlich nicht nur bei der Parkplatzsuche hilft.

Einige Male kam Sabine zu mir in die Praxis, dann verschlechterte sich ihr Zustand, und sie bat mich um Hausbesuche. Diese außergewöhnliche Frau in meinem Alter hatte mein Herz im Sturm erobert. Ohne Scheu visualisierte sie ihren bevorstehenden Tod. Er sollte schön werden, denn »man stirbt ja nur einmal mit diesem Körper«.

Bei einem Bestattungsunternehmen suchte Sabine sich eine Urne aus und bemalte sie knallorange. Sie schrieb Briefe an ihre drei Kinder, die diese nach ihrem Tod lesen sollten, und verpackte Geschenke, die an ihrem Grab verteilt werden sollten. Sie lud alle Menschen, die sie gernhatte, ein, zu ihr zu kommen und sich aus ihrem Besitz das auszusuchen, was sie wollten. Bei alldem war sie nicht verzweifelt, sondern durchaus heiter. »Ich freue mich, dass ich das alles noch selbst erledigen kann«, sagte sie zu mir. Sie verdrängte ihre Trauer jedoch nicht, die sie in Schüben überkam. Dann weinte sie herzzerreißend. »Lass mich jetzt in Ruhe«, sagte sie zu mir oder auch zu anderen. »Ich muss das jetzt rausheulen.« Sabine nahm an, was kam, und blieb offen, zugewandt und berührbar. Ich kann nicht in Worte fassen, wie viel ich von ihr gelernt habe.

Ihr Ex-Mann und ihre Kinder konnten mit der Situation überhaupt nicht umgehen. »Es tut mir so leid für sie«, sagte Sabine. Sie nahm es ihnen nicht übel, sondern suchte stattdessen Unterstützung bei Menschen, die ihr Sterben schultern konnten. Ich gehörte auch dazu, mittlerweile als Freundin. Für Sabine fror ich Piña colada ein, und sie sagte mir: »Wenn ich gewusst hätte, wie kurz mein Leben ist, hätte ich viel mehr Eis gegessen, statt an meine Figur zu denken und es mir zu verkneifen.«

Einmal im Sommer schickte sie mich um die Ecke: »Bitte, geh in die Eisdiele und iss ein Eis mit Sahne für mich. Ich werde es mir hier im Bett vorstellen, und ich freue mich schon darauf. Geh gleich, ich habe so eine Lust auf Eis!«

Muss ich erwähnen, dass ich, wann immer ich Eis in einer Eisdiele esse, eine Extrakugel für Sabine bestelle? Mango, ein bisschen blasser als ihre Urne, dafür knalllecker.

Als ihre Schmerzen zu stark wurden, ging sie in ein Hospiz, und auch dort flogen ihr die Herzen zu. Woher nahm sie die Kraft, angesichts ihres Todes die Menschen um sie herum so klar wahrzunehmen, in Kontakt mit ihnen zu treten? Ich weiß es nicht, doch eines ist sicher: Sabines Abschied war trotz der Morphiumgabe, ohne die sie mit den Schmerzen nicht mehr zurechtkam, ein leuchtendes Ereignis. Einige Tage bevor sie ihren letzten Atemzug tat, erzählte sie mir: »Karin, ich glaube, da ist jetzt jemand bei mir.«

Nur ein halbes Jahr lang war mir Sabine in dieser Welt vergönnt. Ihr ist es auch zuzuschreiben, dass ich heute als Trauerrednerin tätig bin, denn Sabine wünschte sich »Das Vogerl« an ihrem Grab. »Weil es so schön wäre, wenn die Leute bei meiner Beerdigung lachen oder wenigstens mal lächeln würden.«

Sabine hatte sich ein Baumgrab ausgesucht, es war noch nicht ganz Frühling, eisig kalt, aber die knallorange Urne leuchtete wie ein Versprechen auf den kommenden Sommer. Viele Menschen hatten sich versammelt. Fröhlichkeit sieht anders aus. Es wurde heftig geweint, und auch mir war zum Heulen zumute. Wie sollte ich Sabines letzten Wunsch erfüllen? Ich muss so tun, als stünde ich vor Konzertpublikum, dachte ich. Früher habe ich sehr viel Straßenmusik gemacht, diese Ressource zapfte ich jetzt an. Wenn ich ausblende, dass ich an Sabines Grab stehe, schaffe ich es, dachte ich.

Mein klarer Auftrag von Sabine lautete: Die Trauergemeinde sollte spüren, dass alles so, wie es war, richtig war. Es war eine schöne Zeit gewesen, und nun war sie abgelaufen. So begann ich zu spielen und zu singen, und auf einmal flog eine Amsel auf den Ast über mir. Ich nahm sie nur am Rande wahr, bis sie zu singen begann. Was heißt hier singen, sie schmetterte los und jubilierte und trillerte, und es war das schönste Lied, das ich jemals von einem Vogel gehört habe. Von einem Vogel? Ich hatte keinen Zweifel: Sabine dirigierte die Amselarie. Ich hörte auf zu spielen, was kurz zu Irritationen in der Trauergemeinde führte, dann lauschten auch die Gäste. So standen wir zwei, drei Minuten und horchten in tiefer Ergriffenheit. Ich glaube, dass die meisten so ähnlich empfanden wie ich. Dann flog die Amsel weg, und ich sang und spielte weiter. Später fragte mich der Bestatter augenzwinkernd, wo ich den Knopf versteckt hätte, um den Vogel einzuschalten.

Da kommt a Vogerl geflogen
setzt sich nieder auf mein' Fuß
hat a Zetterl im Schnabel
ich glaub, des ist von dir a Gruß

Als ich ausgesungen hatte, durchfuhr mich eine Idee. Sterbeamme, Traueramme … Warum sollte ich nicht auch als Trauerrednerin und -sängerin tätig werden? War das meine Idee oder schickte Sabine sie mir als letzten Gruß?

Du bist fort und ich bin noch da

»Er ist so kalt!«

Das wiederholen die Angehörigen oft. *Er ist so kalt. Wie kalt er ist.* Diese Kälte bereitet ein Begreifen vor, denn man versteht diesen Satz »Er ist tot« nicht auf einmal. Man muss ihn hundert Mal, tausend Mal sagen, denn es ist unfassbar. Sie ist tot. Er ist gestorben. Sie lebt nicht mehr. Immer wieder und wieder muss man es sagen, bis es einen ganz durchdringt, bis es in die letzte Zelle real wird. Der Tod ist zu groß, um ihn auf einmal zu begreifen. Und er ist kalt.

Gleich nach dem letzten Atemzug beginnt dieses Auskühlen, wie auch sofort Verwesungsprozesse einsetzen. Deshalb sollte der Körper an einen kühlen Ort gebracht werden. Der entseelte Leib ist zum Leichnam geworden, und um ihn herum herrscht Ruhe. »Am meisten hat mich die Stille beeindruckt«, erzählte mir eine Klientin. »Ich hatte noch nie darauf geachtet, dass man bei jedem Menschen ein Atemgeräusch oder eine kleine Bewegung wahrnehmen kann. Wenn das fehlt, ist das sehr seltsam, irgendwie unheimlich.«

Nicht wenige Menschen fühlen sich unwohl in Gegenwart eines Toten. Stirbt ein Mensch im Krankenhaus, überlassen sie die weitere Versorgung dem Fachpersonal. Die werden schon wissen, was sie zu tun haben. Andere bleiben gern eine Weile am Bett des Verstorbenen. Heute gibt es in vielen Krankenhäusern Trauerräume, um sich zu verabschieden. Die Verstorbenen können aber auch in einer Abstellkammer zwischengelagert werden, ehe das beauftragte Bestattungsunternehmen sie abholt. Auf Nimmerwiedersehen? Davon rate ich ab.

Es gibt mehrere Möglichkeiten, wie Angehörige sich nach dem Tod mit dem Leib des Verblichenen befassen. Manche meiden ihn. »Jetzt ist er tot, jetzt ist es vorbei.« Andere verabschieden sich kurz. Wieder andere können sich kaum trennen.

»Es ist verrückt«, erzählte mir ein Mann. »Ich wusste seit Wochen, dass es darauf hinausläuft. Doch als es passierte, war ich so geschockt, dass ich einfach gegangen bin. Als der Bestatter mich fragte, ob ich sie noch einmal sehen wollte, sagte ich Nein. Ich bin erst nach der Beerdigung zu mir gekommen, und dann habe ich mein kopfloses Verhalten sehr bedauert. Ich hätte mir früher über das Danach Gedanken machen sollen. Leider habe ich nur bis zu dem Moment gedacht, bis es vorbei wäre. Und dann? Da war alles schwarz. Das bedaure ich jetzt zutiefst, weil ich weiß, dass ich diese Zeit für den Abschied verschenkt habe. Immerhin waren wir vierzig Jahre verheiratet.«

Ich rege alle Menschen, mit denen ich zu tun habe, an, sich darüber Gedanken zu machen, wie sie zwischen Tod und Bestattung eines lieben Menschen verfahren möchten. Falsche Entscheidungen können nicht revidiert werden. »Wenn ich die Zeit zurückdrehen könnte … wie schön wäre es gewesen, ich wäre gern noch eine Weile bei meiner Oma gesessen, also bei ihrer Hülle.« – »Ich wusste ja nicht, dass es möglich gewesen wäre, dass wir unser Kind hätten waschen und ankleiden können. Das hat uns niemand gesagt. Es wurde einfach abgeholt, wir hatten nichts mehr damit zu tun. Der Leichnam gehörte uns nicht mehr, so habe ich das empfunden.«

Bei meinen Begleitungen habe ich die Erfahrung gemacht, dass dieser bewusste Abschied vom Verstorbenen sehr heilsam sein kann, gerade auch, wenn er länger dauern darf und die Veränderungen sichtbar werden, die den toten Leib ergreifen. So wird unumstößlich deutlich, dass der Mensch, den man geliebt hat, nun nicht mehr ist. Dass etwas zurückbleibt, seine Hülle, die jedoch nicht mehr beseelt ist. Zuerst sieht der Leichnam noch schlafend aus, als könnte er jederzeit wieder zu atmen beginnen. Doch er fühlt sich anders an, ist kalt, und um ihn herum ist etwas anders. Dieses *anders* wahrzunehmen ist wichtig. »Als meine Mutter starb, wollte ich sie nicht mehr sehen«, erzählte mir ein Mann. »Meine Frau hat aber keine Ruhe gegeben, bis ich mit ihr zur Bestatterin gefahren bin. Ich bin meiner Frau sehr dankbar für ihre Hartnäckigkeit, denn am Sarg habe ich begriffen, dass die Gestalt, die da lag, nicht meine Mutter ist. Meine Mutter trage ich in meinem Herzen.«

Manchmal weigern sich Angehörige zu glauben, dass jemand gestorben ist, und mit der Zeit kann sich der Geist trüben, sodass vermutet wird, die verstorbene Person sei noch auf Erden, ein anderer Leichnam sei bestattet worden, der Sarg sei leer gewesen … Solche verzerrten Wirklichkeiten machen das Leben ohne den Verstorbenen noch schwerer, denn muss man nicht ständig mit seiner Rückkehr rechnen? Er ist ja gar nicht tot! Den geliebten Menschen als Leichnam zu sehen schafft unumstößliche Fakten.

Ich plädiere immer für einen Abschied am offenen Sarg, egal, wie ein Mensch zu Tode gekommen ist. Unbedingt aber auch, wenn ein Kind tot zur Welt kommt. Früher hat man den betroffenen Frauen diese Kinder gar nicht gezeigt. Heute legt man auch Totgeburten auf den Bauch der Mutter und lässt den Eltern die Zeit, die sie brauchen. Es gibt mittlerweile sogar Fotograf*innen ohne Scheu für das erste wie letzte Erinnerungsbild von diesen Kindern. Das sind wichtige Schritte zur Verarbeitung einer solchen Tragödie.

Nach Unfällen haben Angehörige große Angst vor dem, was sie zu Gesicht bekommen könnten. Doch das Kopfkino ist meist viel schlimmer als die Realität.

»Mein Sohn hat sich vor den Zug geworfen«, erzählte mir eine Frau. »Ich habe keine Nacht geschlafen, es war eine so schreckliche Vorstellung für mich, dass sein Körper zerstückelt ist. Davon bin ich ausgegangen. Doch ich habe all meinen Mut zusammengenommen, und im Bestattungsunternehmen gab es einen sehr schönen Raum, es roch nach Blumen, und da lag mein Oliver unter einem Leintuch, und ich habe gesehen, dass alles da ist.«

Auch wenn die Mutter nur eine Gesichtsseite und die Konturen des Körpers sah, so half ihr das enorm. In seinem sehr empfehlenswerten Buch *Mein Leben mit den Toten* schildert der Leichenpräparator Alfred Riepertinger unter anderem, wie auch schwer entstellte Leichname so hergerichtet werden, dass die Angehörigen sich gut verabschieden können. Letztlich ist das ein Handwerk, selbst nicht mehr vorhandene Körperteile können mit Plastilin und Pappmaschee modelliert werden. Kein Angehöriger deckt das Leintuch auf und untersucht jeden Zentimeter. Es geht darum, den Toten zu erkennen: Ja, das ist er. Das ist mein lieber Mann, und jetzt ist er tot. Dazu kann auch eine Hand genügen, die unversehrt hervorsieht, zum Beispiel bei Brandopfern. Zum Glück gibt es immer mehr einfühlsame Bestatter, die sich würdevoll und ideenreich um die Verstorbenen kümmern oder eben mit Spezialisten zusammenarbeiten, die als Meister ihres Fachs einen guten

Abschied ermöglichen. Sogar bei einem durch einen Lkw-Unfall zerquetschten Kopf, der mit Rosenblättern bedeckt so gebettet worden war, dass zumindest eine Seite unverletzt wirkte.

Solange die sterblichen Überreste unseres Angehörigen auf der Welt sind, können wir noch etwas tun. Nach der Bestattung ist das nicht mehr möglich. Auch wenn jemand im Krankenhaus gestorben ist, kann er mithilfe eines Bestattungsunternehmens nach Hause gebracht und dort aufgebahrt werden, damit sich Familie und Freunde in vertrauter Umgebung verabschieden können. Oder man trifft sich beim Bestatter. Einige Unternehmen bieten den Angehörigen auch an, beim Waschen, Einölen und Ankleiden mit Hand anzulegen.

All diese letzten Dienste sind wichtige Rituale, um zu begreifen, dass der liebe Mensch nun nicht mehr auf der Erde weilt. Früher waren sie normal. Heute haben wir uns davon entfernt. Wir gruseln uns vor Tod und Leichenstarre und wollen nichts damit zu tun haben, überlassen es Fachleuten und merken gar nicht, dass wir uns von einem wesentlichen Teil unserer Existenz abschneiden. Was nicht ohne Folgen bleibt, denn irgendwann holt uns der Tod ja doch ein.

Sind wir igitt, wenn wir tot sind? Gelten wir dann als unberührbar? Graust es unsere Verwandten, uns zu berühren? Oder können wir uns vorstellen, dass unsere Zugehörigen unsere Körperhülle in Würde und liebevoll verabschieden und damit ihre letzte Gelegenheit nutzen, auch wenn wir es nicht mehr spüren? Jetzt ist die Hand erkaltet, die mir so viel Gutes tat, die lieben Augen, in denen ich so viel Zuneigung und Güte las, sind geschlossen für immer, noch einmal, ein letztes Mal streichle ich die Wange. Die

Hülle ist weg, doch die Seele existiert weiter und sieht vielleicht, was um ihr verbrauchtes Fahrzeug, diesen Körper, geschieht.

In vielen Religionen ist die Rede davon, dass eine Seele noch eine bestimmte Zeit in der Nähe ihres verstorbenen Leibes bleibt, ehe sie weiterzieht. Diese Erfahrung habe ich auch gemacht. Kurz nach dem Tod ist es mir so vorgekommen, als wären die Verstorbenen noch da. Ähnliches haben mir auch zahlreiche andere Menschen erzählt.

Tätig werden am und um den Leichnam herum löst auch die Starre der Trauernden. Es berührt mich immer wieder, wenn ich sehe, wie viel Kreativität Menschen entwickeln, wenn sie hören, dass sie das dürfen. Aber da viele das gar nicht wissen, bedarf es dazu einer Begleitung.

»Möchtest du deinem Opa etwas mitgeben?«, fragte ich seinen achtjährigen Enkel.

Er überlegte kurz und sagte dann: »Einen Kochlöffel. Damit der Opa auch im Himmel Karottensuppe kochen kann.«

Mit vor Eifer rotem Gesicht legte der kleine Junge den Kochlöffel schließlich in den Sarg neben seinen Opa. Dann nickte er zufrieden. Er hatte verstanden, was tot bedeutet, und er hatte getan, was er tun konnte, um dem Opa eine Freude zu machen und auch sich selbst. Denn so wusste er den Opa im Himmel viel besser ausgestattet. Was kann einem schon passieren mit einem Kochlöffel in Griffnähe. Oder mit einem Paddel. Das stellte ich bei der Trauerfeier für einen Kanuten an den Sarg und sprach in meiner Rede davon, wie er nun an das andere Ufer paddelt … ich glaube, wir alle konnten ihn sehen.

In einer anderen Zeremonie wollten die Freunde des Verstorbenen ihn in einer Cannabiswolke verabschieden.

Sein Lieblingskraut wurde mit ins Feuer gegeben. Aber auch harmlose Kräuter dienen häufig als Beigaben. »Zuerst war es komisch, dass wir Kräuter sammelten für das Feuer«, sagte eine Frau. »Doch dann war es einfach nur schön. Wir sind zu acht aufgebrochen, drei Stunden gewandert, und am Ende hatten wir mehrere Beutel voll duftender Wildkräuter. Wir haben jede einzelne Pflanze mit guten Wünschen ›besprochen‹, und das hat sich einfach gut angefühlt. So haben wir unserem Freund Nick noch etwas mit auf seine Reise gegeben.«

Andere Trauernde haben Sargengel gemalt, Briefe an die Verstorbenen in den Sarg gelegt und »Highway to Hell« von AC/DC mitgesungen oder gespielt.

Ich habe viele bewegende und ungewöhnliche Abschiede erleben dürfen, wenn sich die Trauernden von meinem »Trau dich!« inspirieren ließen, und staune immer wieder, wie viel möglich ist, wie kreativ Menschen werden, wenn ihre Trauer lebendig sein darf, wenn sie nicht in ein vorgefertigtes Ablaufschema gepresst wird. Erst der Pfarrer, dann die Musik, der Weg zum Grab, Amen.

Eine Bekannte erzählte mir von der Trauerfeier ihrer besten Freundin. »Die Schwester hat sich alles unter den Nagel gerissen. Sie ist sehr gläubig, während meine Freundin mit Kirche nichts am Hut hatte. Die Schwester hat dem Pfarrer, der die Rede hielt, einen Menschen geschildert, den niemand von ihren Freunden kannte. Aber wir hatten natürlich kein Mitspracherecht. Wir saßen in der Aussegnungshalle und hatten keine Ahnung, von wem hier eigentlich die Rede sein soll. Nicht bloß ich habe mit dem Gedanken gespielt, aufzuspringen und rauszugehen. Es war einfach nur schrecklich. Die Schwester hatte dem Pfarrer auch Dinge erzählt, die nicht wahr waren, zum

Beispiel, dass die Verstorbene eine eifrige Kirchgängerin gewesen wäre. Der Pfarrer kannte sie nicht und nahm diese Schilderungen, mit denen sie sich selbst in einem guten Licht darstellen wollte, für bare Münze. Wenn ich daran denke, wird mir noch immer schlecht. Ich nehme es mir übel, dass ich nicht selbst eine Rede gehalten habe. Leider hat mir dazu der Mut gefehlt.«

Dies ist natürlich ein Extrembeispiel. Ich weiß, dass viele Menschen sich nicht vorstellen können, selbst am Grab eines lieben Angehörigen zu sprechen. »Da kriege ich doch keinen Ton raus!« Es kann aber auch anders sein: Dieser letzte Liebesdienst kann beflügeln, zumal niemand den Verstorbenen so lebendig schildern kann wie seine Zugehörigen. In der Regel spricht ein*e Pfarrer*in und/oder es wird ein*e Trauerredner*in engagiert. In dieser Tätigkeit habe ich seit Sabines Beerdigung eine weitere Profession gefunden. Sie beseelt und beflügelt mich. Im Gespräch mit den Trauernden finde ich heraus, was für ein Mensch der oder die Verstorbene war. Und dann schreibe ich ihm oder ihr idealerweise einen Maßanzug in dem Bewusstsein, dass die Metaphern aus der Trauerrede den Hinterbliebenen oft noch lange durch den Sinn gehen. Eine Trauerrede, die Verstorbene lebendig werden lässt, ja, bei der auch einmal geschmunzelt oder gelacht wird, spendet tiefen Trost und kann neue Perspektiven aufzeigen, während sie zugleich der Trauer Raum gibt.

Gelegentlich kenne ich die Menschen, für die ich als Trauerrednerin spreche, aus meiner Begleitung als Sterbeamme, aber eben nicht immer. Und dann bitte ich die Angehörigen, sich auch Gedanken über lustige Begebenheiten mit dem Verstorbenen zu machen. Viele Menschen denken nämlich, dass eine Trauerrede ernst und getragen sein müsse. Aber ich bin ja keine Pfarrerin. Es geht um keine Bewerbung oder um ein Führungszeugnis, auch wenn die katholische Kirche das ein bisschen anders sehen mag von wegen Bewerbung für Paradies und Jüngstes Gericht. Gerichte gibt's in meinem Sinn nur beim Leichenschmaus. Immer wieder kurios finde ich es, wie unterschiedlich Kinder ihre Eltern beschreiben. Drei Kinder von denselben Eltern können mir dreimal völlig verschiedene Eltern schildern. Deshalb ist es mir wichtig, mit allen zu sprechen.

Sehr belastend für die Angehörigen ist es, wenn ein Mensch durch Suizid aus dem Leben schied. Die Zahl der Suizide in Deutschland wird oft unterschätzt. Neben der offiziellen Statistik gibt es eine hohe Dunkelziffer. Der Suizid als Todesursache ist stigmatisiert. Angehörige sind völlig fassungs- und hilflos. Obwohl vielen Selbsttötungen Depressionen oder andere Krankheiten zugrunde liegen, leiden die Angehörigen und Freunde unter Schuldgefühlen. Hätten sie es verhindern können? Oder sie befürchten, ob zu Recht oder Unrecht, man würde ihnen unterstellen, sie hätten sich nicht richtig um ihre nächsten Freunde/Angehörigen gekümmert. Eine Selbsttötung ist wie ein Stein, der ins Wasser fällt: Er zieht Kreise und betrifft oft viele Menschen. Über den Suizid wird in der Öffentlichkeit nur selten gesprochen und wenn, dann wird den Suizidanten, die nicht nur sich selbst, sondern auch anderen etwas von ihrem Leben nehmen, oft Böswilligkeit unterstellt, zum Beispiel, wenn sie sich vor einen Zug werfen. Von Menschen, die nach einem Suizidversuch gerettet wurden, wissen wir, dass sie in dieser Extremsituation kein Gefühl mehr für ihre Umgebung hatten und dass ihnen gar nicht klar war, was sie anderen, auch unbeteiligten Menschen, damit antun könnten.

Menschen, die sich töten wollen, sind in der Regel extrem verzweifelt und sehen keinen anderen Ausweg mehr, auch wenn es einen geben würde. Die wahren Gründe für einen Suizid bleiben oft im Dunkeln. Hinter jeder Selbsttötung steht eine lange Geschichte, die man kaum ergründen kann. Deshalb ist die Trauer so besonders schwierig, und die Hinterbliebenen machen sich oft schreckliche Vorwürfe. Warum habe ich nichts gemerkt? Warum hat er nicht mit mir gesprochen? In solchen Fällen empfehle ich dann meistens eine Begleitung, durch mich oder eine Kollegin und/oder therapeutisch, um diese besonders herausfordernde Trauer zu bewältigen. Wir Sterbeammen haben deutschlandweit ein Netzwerk und können auch Ansprechpartner*innen in anderen Bundesländern vermitteln.

Wenn ich am Grab von Sternenkindern stehe, also kleinen Menschen, die nie das Licht der Welt erblickt haben, muss ich manchmal auch mit den Tränen kämpfen.

Sternenkinder sind auch unter den Bezeichnungen Schmetterlingskind oder Engelskind bekannt. Gemeint sind damit Kinder, die vor, während oder bald nach der Geburt verstorben sind. Ursprünglich wurden so Kinder bezeichnet, die aufgrund der Personenstandsgesetzgebung in Deutschland nicht in das Geburts- beziehungsweise Sterberegister eingetragen wurden, weil es dazu ein Körpergewicht von mindestens 500 Gramm und eine mindestens 24-wöchige Schwangerschaft braucht. Doch die Eltern haben zu ihrem ungeborenen Kind eine tiefe Bindung – und zum Glück besteht heute die Möglichkeit, sich mit einer Zeremonie von diesem Kind zu verabschieden. Auf den Friedhöfen gibt es besondere Orte für diese Sternenkinder, oft heißen sie Schmetterlingsgärten. Die Gräber sind bunt, oft in Form von Schmetterlingen gestaltet, und es gibt auch Kuscheltiere.

Manchmal spiele ich bei so einer Trauerfeier nur Gitarre und singe ein Lied. Für meine erste Sternenkind-Beerdigung habe ich damals ein Lied komponiert, so sehr hat es mich bewegt.

Sternenkind

Kleine Seele, flieg zurück, woher du kamst.
Der Himmel hat dir Flügel geschenkt
So warst du schon in mir
Du flogst zurück, kleine Seele, den Sternen entgegen
Du flogst zurück, den Sternen entgegen,
Zurück nach Haus
Doch wenn Sternschnuppen vom Himmel schnein
Dann spüre ich dich aufs Neu
Dann bitte komm, wenn ich dich ruf
Auf einen kleinen Plausch vorbei
Mein Sternenkind, gute Reise
Ich gebe dich nun frei
Wo du nun wohnst, bin auch ich zu Haus
Ich werd geduldig warten, bis wir uns wiedersehen
in diesem himmlischen Garten
Wo alle Liebe
Ewig wächst und bleibt

Musik statt vieler Worte – es gibt ja nichts zu sagen über diese kleinen Wesen, sie sind unbeschriebene Blätter … und doch ist da natürlich unendlich viel … Meiner Überzeugung nach erfüllen Sternenkinder wichtige Aufgaben, gerade durch ihre Umkehr in die geistige Welt, doch wie sollte ich als kleines Menschlein den großen göttlichen Plan verstehen können?

Ein Begräbnis öffnet den Kreis der Trauernden von der Kernfamilie und engen Freunden zu Bekannten, Geschäftspartnern, Nachbarn, vielen anderen Menschen, die sich zwar verabschieden und Beistand leisten möchten, aber nicht so eng mit dem oder der Verstorbenen verbunden waren. Nicht nur Trauernde treffen sich am Grab, da können vielfältige Interessen mitspielen. Man geht auf eine Beerdigung, um gesehen zu werden. Weil man neugierig ist. Weil man wissen will, was die Witwe anhat und ob sie verweint ausschaut. Ob wohl die Ex-Frau auch da ist? Wie teuer war der Sarg, das Blumenbukett, wer hat den größten Kranz bestellt, und welcher Spruch steht auf den Schleifen? Es werden Hände gedrückt: Mein herzliches Beileid … In Wirklichkeit herrschen Schadenfreude und Häme, das kennt man aus Filmen. Ja, das ist pfui Teufel, aber so ist es nun mal. Deshalb sollte man unter solchen Umständen seinen persönlichen Abschied von dem oder der Verstorbenen bei der Zeremonie bereits hinter sich haben – um die Tränengeier nicht zu füttern.

Vor allem, wenn eine Testamentseröffnung bevorsteht, hat eine Trauerfeier noch einmal eine andere Bedeutung. Es wäre gut, wenn sich die Trauernden wirklich von alldem frei machen könnten. Die Realität wird früh genug auf sie einstürmen.

Die Trauer beginnt meist erst nach dem Begräbnis sich breit zu entfalten, denn bis dahin hat man noch so viel zu tun. Und es ist gut, wenn wir diese kurze Zeit nutzen, in der ein Mensch verstorben, sein Leib aber noch berührbar ist.

Bitte, erinnern Sie sich, wenn Sie einmal in der Situation sind:

Der Fantasie für eine kreative Verabschiedung sind keine Grenzen gesetzt. Grenzen gibt es höchstens durch die Gesetzeslage, aber die kennen die Fachleute, und man kann gemeinsam überlegen, was möglich ist. Deshalb auch mein Rat: Geben Sie diesen wichtigen Auftrag nicht an den erstbesten oder billigsten Bestattungsunternehmer aus dem Internet. Erkundigen Sie sich. Sie würden doch andere wichtige Angelegenheiten auch nicht ohne Empfehlung erledigen. Man fragt herum. Ja, warum nicht! »Warst du mit dem Service des Bestattungsunternehmens zufrieden?« Oder man telefoniert und erkundigt sich.

Jeder, der schon einmal eine Bestattung organisiert hat, weiß, wie bedeutend diese Aufgabe ist. »Ich habe zwei Tage lang überlegt, welche Musik in der Aussegnungshalle gespielt werden soll«, erzählte mir eine Frau. »Ich habe alle CDs seiner Lieblingsband gehört und mir alle Texte von einer Freundin übersetzen lassen. Das war total wichtig für mich, dass das stimmig ist, und am Ende hatte ich einen Song, der sich wie für ihn komponiert anhörte.«

Auch Abschiedsrituale kann man planen, die für die ganze Trauergemeinde heilsam sind. Zum Beispiel, dass jeder eine Blüte bekommt und sie mit einem Wunsch auflädt. Diese Blüten werden dann in den Sarg gelegt oder eben ins Grab. Reiseproviant. Je individueller die Zeremonie am Ende ist, je »spürbarer« der Verstorbene für die Trauernden wird, desto eher kann der Tod akzeptiert werden. Ja, vielleicht gibt es sogar ein Einverstandensein.

Ein herkömmliches Bestattungsunternehmen erkundigt sich vor allem nach der Ausstattung: welcher Sarg, Kissen, Totenhemd, Sargschmuck etc. Aber es gibt auch andere

Geschäftsmodelle. Ich habe diesbezüglich sehr gute Erfahrungen gemacht, zumal auch immer mehr alternative Bestattungsrituale nachgefragt werden. Islamische oder jüdische Bestattungen folgen traditionell anderen Gepflogenheiten, als sie hierzulande bisher üblich waren. Es ist enorm wichtig für gläubige Menschen, dass ihre Rituale respektiert werden. Um das zu gewährleisten, gibt es Friedhöfe, in denen Bestattungen zum Beispiel nach muslimischer Tradition möglich sind.

Auch wenn ein Mensch verstorben ist, steckt er noch im Rahmen des Gesetzes, es gibt vielerlei Verordnungen, die je nach Bundesland unterschiedlich sind. Die meisten Menschen wissen das gar nicht. Im Krimi endet ein Leben mit dem Abtransport des Leichnams im Blechsarg. Vielleicht gibt es noch einen coolen Pathologen und ein paar Ansichten aus dem Sektionssaal, Kühlfach, Schnitt, Ende.

Nein, nichts ist zu Ende. Für die Trauernden fängt es nach der Beerdigung erst richtig an. Bis zur Bestattung muss man sich um so vieles kümmern … doch danach wird es still. Und noch stiller. Totenstill. Manchmal aber sprechen die Verstorbenen auch noch.

Nach-Tod-Erfahrungen

Viele Menschen haben schon einmal von Nahtoderfahrungen gehört. Damit ist gemeint, dass jemand klinisch tot war, seinen Körper verlassen hat und aus einer anderen Perspektive erlebt hat, was um seinen Körper herum geschieht. Vor allem Menschen, die reanimiert wurden, berichten von solchen außerkörperlichen Erlebnissen. Es gibt zahlreiche interessante Bücher darüber, auch von Ärzten, die Nahtoderfahrungen als Humbug abtaten, bis sie selbst betroffen waren, wie zum Beispiel der renommierte Neurochirurg Dr. Eben Alexander es in seinem Buch *Blick in die Ewigkeit* beschreibt.

Im Folgenden geht es jedoch um Nach-Tod-Erfahrungen, also Phänomene, die Trauernde berichten, die überzeugt davon sind, Botschaften von ihren Verstorbenen, deren Seelen, erhalten zu haben. So wie das extrem helle Licht, das ich beim Tod meiner Mutter sah, oder die Arie der Amsel bei Sabines Begräbnis. Vielleicht haben Sie auch schon einmal gehört, dass plötzlich und ohne ersichtlichen Grund ein Porträtfoto eines Menschen von der Wand fiel. Später erst erfuhr man, dass er zu diesem Zeitpunkt gestorben war. Nicht wenige Menschen berichten von Geruchssensationen. »Plötzlich zog der Duft von Opas Pfeife durch das Zimmer. Am nächsten Morgen hörten wir, dass er gestorben war.« Eine Frau, deren Mann nicht nach Hause gekommen war, fuhr verzweifelt nachts zu der Baustelle, an der er zuletzt gearbeitet hatte. Plötzlich wehte der Duft seines Rasierwassers im Fahrzeug. »Da wusste ich es«, sagte sie mir. Kurz darauf fand sie seinen Leichnam; er war versehentlich mit einer Starkstromleitung in Berührung gekommen. Eine andere Frau erzählte mir, dass innerhalb von drei Tagen drei Glühbirnen den Geist aufgaben. Im Haus eines frischen Witwers spielt die Alarmanlage verrückt. Ich könnte viele Geschichten über diese Telegramme aus dem Jenseits erzählen, aus denen ich die Botschaft lese: *Bin angekommen, stopp, alles gut, mach dir keine Sorgen, in Liebe bis zum Wiedersehen.*

Vorhin habe ich schon einmal von einer Kerze gesprochen, die, wenn sie ausgeblasen wird, eine Rauchsäule in die Luft stellt. Wenn ein Mensch stirbt, ist er nicht gleich weg, eine Weile noch ist seine Seele da, und die hat zwar keine Ausbildung zur Elektrikerin, aber mit Energie kennt sie sich aus. Es dürfte also möglich sein, dass sie den Strom an- und ausknipst. Ein Augenzwinkern aus dem Jenseits, in dem die Seele nicht an den Zug- und Flugplan oder sonstige Gegebenheiten in der materiellen Welt gebunden ist. Als feinstoffliches Wesen kann sie überallhin, mit Lichtgeschwindigkeit. So hat mich auch meine über alles geliebte Oma besucht, beziehungsweise ihre Seele. Ich war auf Tournee, wachte in meinem Hotelzimmer nachts auf, und es fühlte sich an, als stünde meine Oma vor meinem Bett. Am nächsten Morgen erfuhr ich, dass sie in der Nacht gestorben war.

Einmal rief mich eine Witwe an, die sich große Vorwürfe machte, weil sie nicht bei ihrem Mann in der Klinik war, als er starb. Jeden Tag war sie an seinem Bett gesessen, nur dieses eine Mal nicht. Auch als ich ihr sagte, dass manche Menschen lieber allein sterben und man fast schon den Eindruck haben könnte, sie warteten auf ein Schlupfloch – zum Beispiel, wenn ihr Angehöriger kurz zur Toilette geht –, konnte sie sich nicht mit ihrer Abwesenheit aussöhnen. Sie war überzeugt davon, dass ihr Mann kein Schlupfloch gesucht habe: Er habe unbedingt noch einmal nach Hause gewollt, weil sein Windrad kaputt war. An diesem Windrad im Garten hatte er lange gebastelt, es war ihm ein Herzenswunsch, dass es sich drehte. Doch es stand still, wie ihm sein letzter Blick in den Garten gezeigt hatte, als der Sanka ihn nach dem Infarkt abholte.

Ich schlug der Witwe vor, um ein Zeichen zu bitten, idealerweise vor dem Einschlafen. So etwas klappt manchmal, doch noch nie so eindrucksvoll wie in diesem Fall. Am nächsten Morgen rief mich die Frau an und berichtete, dass sich das Windrad in der leichten Sommerbrise munter drehe, und es kam ihr vor, als würde ihr Mann ihr zuwinken.

Vögeln, Schmetterlingen und Libellen, von einer habe ich bereits erzählt, sagt man ebenfalls nach, dass sie sich als Boten der Seelen kurzzeitig zur Verfügung stellen. Hierzu wurden mir viele Begebenheiten erzählt, und einige habe ich auch selbst erlebt. Einmal besuchte ich eine Frau, mittlerweile eine sehr liebe Freundin, die Witwe geworden war. Wir saßen im Garten, da kam eine Amsel angehüpft mit einer weißen Feder im Schnabel. Blieb direkt vor Erika stehen, neigte den Kopf schräg, verharrte, ließ die Feder fallen und flog weg. Andere berichteten mir von Schmetterlingen, die sie ständig anflogen. »Die setzen sich auf meine Schulter und bleiben ewig.« Das kann auch zu Jahreszeiten geschehen, in denen normalerweise keine Schmetterlinge herumflattern. Ein Vater, der seinen Sohn verloren hatte, erzählte von einer Begegnung mit einem Schmetterling im Dezember in seinem Keller. Gewiss, Skeptiker könnten genau erklären, warum das alles Einbildung sein soll. Bis sie selbst so etwas erleben wie der zuvor erwähnte Neurochirurg Eben Alexander. Meine Erfahrung ist, dass diese Erscheinungen sich sehr klar von herkömmlichen Zufällen unterscheiden. Es überkommt einen ein unbeschreibliches Gefühl, für einen kurzen Augenblick lüftet sich ein Schleier, und eine große innere Gewissheit breitet sich aus: Ja, da ist noch etwas, da gibt es noch eine andere Welt … und dort bist du nun … Und schaust auf mich. Wir sind über den Tod hinaus miteinander verbunden.

So, wie sich Menschen häufig scheuen, über ihre Nahtoderfahrungen zu sprechen, ist es auch bei den Nach-Toderfahrungen. Man will ja nicht als verrückt gelten. In anderen Kulturen leben die Menschen im Diesseits mit ihren

Ahnen und Geistern aus dem Jenseits und können sich gar nicht vorstellen, wie wir im Westen ohne diese Verbindung überhaupt existieren können. Vielleicht haben Sie schon einmal vom mexikanischen Allerseelentag gehört, dem Día de Muertos. Anstatt wie bei uns traurig zum Friedhof zu gehen und ein Gesteck aufs Grab zu legen, werden dort Feste mit den Toten gefeiert. An diesem Feiertag sind die Schaufenster mit Totenschädeln und Gerippen geschmückt, Süßigkeiten für Kinder haben die Formen von Skeletten. Es gibt Brote und Semmeln in Form von Totenschädeln. Alle sind fröhlich, und damit die Toten den Weg in die Häuser ihrer Familien finden, streuen sie Blütenblätter und schmücken prächtige Altäre, auf denen die Leibspeisen der Verstorbenen angerichtet sind. Ein Stamperl Schnaps oder eine Zigarre wird auch gern serviert. Die Lebenden wissen, dass auch sie eines Tages so begrüßt werden … solange an sie gedacht wird, sie nicht vergessen werden, gehören sie dazu.

Trauerzeit

Mit unserem Abschied von einem lieben Menschen stellen wir gleichzeitig die Weichen für unsere Zukunft. Wohin geht unsere Reise ohne den Verstorbenen? Wie fahren oder gehen oder gar humpeln wir – wie kommen wir voran mit diesem unsäglichen Schmerz? Viele Trauernde fühlen sich massiv unter Druck gesetzt von den Erwartungen anderer, die vorgeblich genau wissen, wie Trauer auszusehen habe. Auf dem Land ist es mancherorts auch heute noch so, dass einer Witwe, die sich farbenfroh kleidet, unterstellt wird, ihren Mann nicht geliebt zu haben.

»Was hätte ich denn machen sollen?«, fragte mich einmal eine Bäuerin. »Hätte ich das meinen sogenannten Freundinnen aus dem Kirchenchor entgegenschreien sollen am Grab? Der Erwin hat gesagt, dass er mich auf keinen Fall als Krähe sehen will. Einen Rock soll ich anziehen, hat er sich gewünscht, weil er mir dann drunterschauen kann aus dem Grab. Und bunt soll er sein. Mein Erwin hat Schwarz nie gemocht.«

Eine andere Frau berichtet: »Ich bin am Tag nach seinem Tod mit meinem Rad noch einmal alle Wege abgefahren, die wir am Wochenende zuvor gefahren sind. Ich trug dasselbe Sommerkleid wie damals, als er noch lebte. Es flatterte im Wind, und ich sah mich selbst von außen und wusste, dass das komisch wirken könnte. Aber es war mir egal. Noch nie in meinem Leben war mir so egal, was andere von mir denken. Das habe ich in der Trauer gelernt. Sie hat mich stark gemacht, und es hat sich gezeigt, welche Menschen wirklich an meiner Seite stehen.«

Mit einem Trauerfall kommen Freundschaften auf den Prüfstand. Menschen, auf die man zählen zu können glaubte – »eine Hand hätte ich für sie ins Feuer gelegt« –, verdünnisieren sich, während andere, zuvor Randerscheinungen, in den Mittelpunkt des Geschehens rücken, die Stellung halten, helfen. Die Trauer ist, wie der Tod, eine Extremsituation. Man weiß nicht, wie man ihr begegnen soll. Man kann weglaufen und später merken, dass es falsch war.

»Wenn ich daran denke, wie ich mich beim Tod des Mannes meiner damaligen besten Freundin benommen habe, könnte ich heulen. Ich habe sogar Dienstreisen erfunden, um keine Zeit mit ihr verbringen zu müssen. Dabei hatte ich sie so gern. Aber ich wusste nicht, wie ich mich verhalten soll«, erzählt mir eine Bekannte.

»Du hättest fragen können«, sage ich.

»Ja, aber. Ja, aber. Ja, aber das habe ich mich nicht getraut.«

»Warum nicht?«

»Weil ich gedacht habe, dass man wissen müsste, wie man sich in so einem Fall benimmt.«

Falls gewünscht, besuchen Hebammen nach der Geburt Mutter und Säugling zu Hause. Viele Frauen wissen nicht automatisch, wie man mit einem Säugling umgeht. Wenn die Bräuche und Traditionen aussterben, wenn altes Wissen verschwindet … und wir gerade kein Netz haben, um uns ein Tutorial über Tod und Trauer reinzuziehen … Woher sollen wir es dann wissen? Hebamme und Sterbeamme sind Lotsen in einem neuen Lebensabschnitt. Lieber einmal zu viel gefragt als zu wenig. Trauer braucht Traute. Auch darüber können wir uns Gedanken machen, bevor wir in die Lage kommen. Je älter wir werden, desto wahrscheinlicher ist es, dass wir Menschen begegnen, die in Trauer sind. Verstecken wir uns dann? Stammeln etwas, was uns später leidtut? Oder haben wir es wahnsinnig eilig? »Du, tut mir leid, ich muss zum Zahnarzt, ich melde mich.« Und man beruhigt, betrügt, beschwichtigt sich später, weil man sich eben nicht gemeldet hat: Eigentlich sah sie ganz gut aus. Bestimmt kommt sie gut zurecht. Die braucht mich jetzt gar nicht. Ich würde ihr bloß lästig fallen. Mit so einem Trauerfall hat man ja wahnsinnig viel zu tun, nein, es ist besser, ich melde mich nicht bei ihr.

Es gibt keine Regeln für die Trauer, und wer alles richtig machen will, macht vieles falsch. Die Trauer ist so individuell wie der Tod. Es gibt keine Trauer mit garantiertem Ablauf, mit Brief und Siegel, sondern immer nur eine individuelle Trauer. Allerdings sind manche Rituale aus der Vergangenheit, die wir heute belächeln, auch sinnvoll. Die schwarze Kleidung signalisiert, dass dieser Mensch verletzlich, bedürftig, vielleicht auch sozial in Not ist – wenn der Familienernährer starb. Witwen und Witwer, Waisen, diese Menschen brauchen eine Extraportion Zuwendung. Das Trauerjahr ist wie eine Brücke zwischen »als du noch da warst« und »seit du weg bist«. Man lernt durch die Jahreszeiten zu gehen ohne den geliebten Menschen. Doch heute soll das rucki-zucki absolviert werden. Zwei, drei Tage »Urlaub« bekommen Trauernde zuerkannt und sollen dann bitte schön wieder funktionieren. Man möchte ja auch nicht dauernd einen Trauerkloß vor Augen haben. Wenn ein Arzt eine Krankschreibung ausfüllt, weil zwei, drei Tage eben nicht genügen, fragt er meistens, ob man gut schlafen könne. Nein, natürlich nicht. »Dann schreibe ich Ihnen was auf.«

Rezepte für Psychopharmaka, Beruhigungsmittel gibt es ohne Probleme. Dieses Vorgehen erinnert mich stark an Schwangerschaften, die ja mittlerweile auch so engmaschig medizinisch, auch mit Hightechmedizin begleitet werden, dass die Frauen das Zutrauen in ihren Körper und ihre eigenen Fähigkeiten verlieren. Eine Frau, die eine Hausgeburt plant, was ohnehin kaum mehr möglich ist, wird scheel angesehen, als würde sie ihr Kind leichtfertig einem Risiko aussetzen. In unserer Ahnenreihe stehen Mütter, die ihre Kinder einfach so zur Welt brachten. Eine Schwangerschaft war kein medizinischer Überwachungsfall. Die Frau war *guter Hoffnung.* Heute ist vor allem vom Risiko die Rede, und Schwangerschaften werden, ebenso wie Trauerfälle, nicht selten als Krankheiten betrachtet.

Können wir den Tod nur noch in Watte gepackt ertragen? Und wären wir ohne diese Watte eine Zumutung für unsere Umwelt, so, wie es meine Co-Autorin Shirley Michaela Seul in ihrem sehr berührenden Buch *Leben ohne Leander* schreibt: »Ich war dunkel geworden, zur Nacht geworden, gefallen vom Licht in die Finsternis, die mich aufsog. Man mied mich. Ich war eine Zumutung. Ich würde mich zurückziehen müssen von den Menschen, weil ich nicht mehr ertragbar war, asozial. Der Tod ist unanständig und peinlich, so was tut man nicht und tut man auch anderen nicht an.«

Manche Hinterbliebenen räumen noch in der Nacht des Todes ihrer Liebsten alle Schränke aus. Andere lassen Zimmer unverändert, auch über Jahre. Einige decken lange Zeit den Tisch für ihre Liebsten mit. Andere werfen alles weg. Manche hören nur die Musik, die er gern mochte, tragen ihr Parfüm … andere versuchen, Erinnerungen zu vermeiden.

Gewiss hängt unser Verhalten im Trauerfall von der Art und vielleicht auch Dauer der Beziehung zum/zur Verstorbenen ab. Es macht einen Unterschied, ob ein Paar nach dreißig, vierzig, fünfzig Jahren auseinandergerissen wurde oder erst seit Kurzem zusammen war. Es ist etwas anderes, wenn Eltern ein Kind verlieren, wenn die natürliche Reihenfolge aus dem Takt gerät. Letztlich kommt es auf die Ressourcen der Trauernden, auf ihre Resilienz an. Von außen kann Trauer nie, nie, niemals beurteilt werden.

Ich habe auch die Erfahrung gemacht, dass Männer anders trauern als Frauen. Sie verschließen ihren Schmerz häufig tief in sich, vor allem ältere Herren. Doch seit einigen Jahren nehmen immer mehr Männer die Angebote von Trauergruppen und Organisationen an. Generationen, die im Krieg aufwuchsen, haben oft nicht gelernt, über ihre Gefühle zu sprechen. Sie sind hart wie Kruppstahl, zäh wie Leder erzogen worden, was in der Verarbeitung der Trauer sehr hinderlich ist.

Zu Konflikten kann es kommen, wenn verschiedene Trauerreaktionen aufeinanderprallen. Zum Beispiel bei Eltern, die ein Kind verlieren und sich durch ihre unterschiedlichen Verarbeitungsstrategien missverstehen, bis hin zum Vorwurf: Du trauerst ja gar nicht. Ich erinnere mich an ein Paar, dessen Sohn sich einen goldenen Schuss gesetzt hatte. Gleich nach der Beerdigung begann der Vater damit, das Haus zu renovieren, was seine Frau nicht ertrug: »Du tust so, als wäre nichts gewesen, du machst einfach weiter! Du bist ein gefühlskalter Unmensch.«

Und er konterte: »Heulen macht ihn nicht mehr lebendig.«

In einigen Sitzungen lernten die beiden die Trauer des/der anderen zu erkennen und zu respektieren.

Manchmal beendet der Tod eine leidensvolle Beziehung, und das soziale Umfeld vermutet, dass er oder sie jetzt regelrecht aufatmet. Hat sie nicht stets herausposaunt, dass sie sich bei der Beerdigung ihres Mannes Zwiebelschnitze ins Taschentuch stecken müsste?

Nein, kaum ist er tot, wird er zum besten, tollsten, liebevollsten, wunderbarsten Menschen, den es auf Gottes Erde jemals gab. Die Veilchen, die er ihr verpasste, duften nach Blumen.

In der Regel werden alle Verstorbenen zuerst einmal idealisiert. Meistens gibt sich das mit den Monaten, Jahren, und irgendwann sehen wir wieder den ganzen Menschen mit all seinen Stärken und auch Schwächen, die Frischverstorbene oft nicht haben – man spricht nicht schlecht über sie. Das kann hinderlich sein, wenn die Hinterbliebenen wütend auf die Verstorbenen sind. Negative Gefühle werden unterdrückt, weil man so etwas im Hinblick auf einen Toten nicht zu haben hat. Aber die Gefühle sind nun mal da. Und sie müssen raus. Auch hierbei begleite ich meine Klienten als Traueramme. Und dann schlägt eine Witwe auf ein Kissen oder trommelt wie von Sinnen, weil sie so, so, so wütend ist, dass ihr Mann nicht aufgehört hat zu rauchen. Oder weil sie erst nach seinem Tod von der anderen Frau erfuhr. Oder einfach nur: Warum hast du mich im Stich gelassen? Warum bist du gestorben? Wie kannst du mir das antun! Es bringt Erleichterung, diesen wahnsinnigen Schmerz körperlich auszudrücken. Und es ist allemal gesünder, als ihn in sich hineinzufressen, bis er sich zu einer Depression verdichtet oder in einer Krebserkrankung manifestiert.

Zu den zerfleischenden Gefühlen, die Trauernde aushalten müssen, kann auch Schuld kommen. Sehr viele Trauernde leiden unter Schuldgefühlen.

Vor einiger Zeit kam ein sehr verzweifelter Mann Mitte dreißig zu mir. Seine Frau hatte eine Gehirnblutung erlitten, konnte jedoch erfolgreich operiert werden, und ihre Chancen, wieder ein normales Leben zu führen, standen gut. Viele Stunden tagsüber und jede Nacht verbrachte der Mann an ihrem Bett. Nach knapp zwei Wochen, als sich ihr Zustand sehr stabilisiert hatte und auch die Ärzte ihr gute Chancen einräumten, wieder ein normales Leben zu führen, fragte der Mann seine Frau, ob es ihr etwas ausmache, wenn er in dieser Nacht zu Hause in seinem Bett schlafen würde, da früh am nächsten Morgen ein Handwerker kommen wollte, um eine breitere Dusche für die Frau einzubauen, die in der ersten Zeit auf einen Rollstuhl angewiesen sein würde.

»Ich freue mich so, wenn ich auch wieder in unserem Bett zu Hause liege«, sagte seine Frau.

Doch sie kehrte nie wieder nach Hause zurück. In der Nacht fiel sie aus dem Bett und stürzte so unglücklich auf den Kopf, dass sie verstarb.

Ihr Ehemann war wie von Sinnen. Wie hatte er sie allein lassen können! Warum war er nicht bei ihr geblieben? Er hätte es doch gemerkt, wenn sie unruhig geworden wäre. Er hätte diesen Sturz verhindern können. Er war schuld …

Einige Male kam dieser Klient zu mir. Er lernte, den Tod seiner über alles geliebten Frau aus anderen Perspektiven zu sehen, und konnte schließlich mit seiner Trauerarbeit beginnen, ohne von seiner Schuld aufgefressen zu werden.

Wenn ein Abschied nicht gut vollzogen werden kann, ist es möglich, Nachabschiede zu begehen. Solche Rituale gehören zum täglichen Brot einer Traueramme; auch in therapeutischen Sitzungen können sie vollzogen werden.

Tabuzone Trauer

Im vorherigen Kapitel habe ich ausführlich über die ersten Tage nach dem Tod gesprochen. Eine Zeit, in der die Dagebliebenen sehr viel zu tun haben. Es müssen zahlreiche Formulare ausgefüllt werden, Versicherungen gekündigt, Telefonate geführt, Feierlichkeiten organisiert werden. Dann kommt der große Tag der Bestattung. Und danach? Beginnt die schwarze Zeit. Für die nicht unmittelbar Betroffenen geht es nun wieder zurück in ihr eigenes Leben. Sie sind den Trauernden eine Weile beigestanden, haben vielleicht Essen vorbeigebracht, Botengänge und Telefonate übernommen. Nun jedoch kehren sie in ihr eigenes Leben zurück, eine heile Welt ohne Trauer. Für die Hinterbliebenen gibt es keine heile Welt mehr, es gibt überhaupt keinen unverletzten Platz mehr auf Erden, denn alles schreit: »Du bist nicht mehr da.« Die Bäume blühen, und du bist nicht mehr da; der erste Schnee fällt, und du bist nicht mehr da. Die Waschmaschine ist kaputt, du bist nicht mehr da; der Sonntagskrimi läuft, und du bist nicht mehr da. Für die Trauernden beginnt das Grauen in einem Alltag, in dem sich Stück für Stück die Tragweite des Verlustes in ihr Fleisch schneidet. Jeden Tag unzählige Male presst ihnen der unerträgliche Schmerz das Herz zusammen. Gerade wenn man lange mit einem Partner zusammenlebte und sich viele liebe Gewohnheiten gebildet haben. Am Morgen, wenn keiner mehr die Kissen aufschüttelt, es steht nur ein Teller auf dem Tisch, niemand stellt seine Tasse auf statt in die Spülmaschine, wie wenig im Einkaufskorb liegt, und es ist so still, immer so still, da redet keiner, da schnauft niemand, da ist niemand, dem man etwas erzählen könnte: Stell dir vor, wen ich beim Einkaufen getroffen habe. Es ist, als würde man selbst absterben.

Gewiss, es gibt Freunde, Nachbarn, liebe Menschen.

»Sie fragen, wie es mir geht, und ich sage: gut, weil ich weiß, dass ich ihnen sonst zur Last falle. Aber es geht mir nicht gut, gar nicht gut.
Meine beste Freundin hat mich gefragt, wie es mir geht, und ich habe gesagt: ›Schlecht.‹
Da hat sie gefragt: ›Warum?‹

Ich habe gesagt: ›Weil der Peter tot ist.‹
Da hat sie gesagt: ›Aber das ist doch jetzt schon ein paar Wochen her.‹
Ich habe dann nicht gesagt, dass es mit jedem Tag schlimmer wird. Nächste Woche ist sein Geburtstag. Ich weiß nicht, wie ich das überleben soll. Sie hat gesagt: ›Das wird schon wieder‹, und ich habe genickt.«

Wenn eine von zwei Freundinnen Mutter wird und eine andere sich dagegen entscheidet, trennen sich die Wege oft. Die Mutterwelt ist ein anderer Kosmos. Man muss das selbst erlebt haben, um sich diese vielen neuen Gefühle vorstellen zu können. Die Glücksmomente wie auch die Sorgen. Dieses unbeschreibliche, fast schon schmerzhafte Liebesgefühl, wenn man das Kind stillt, wenn es zu sprechen, zu laufen beginnt … und noch später das Bangen: Hoffentlich schafft er die Prüfung. Das nächtliche Lauschen: Wann kommt sie nach Hause …

Die Mutter lernt andere Mütter kennen, die sie besser verstehen als ihre alte Freundin. Ihre Freundin lebt in einer anderen Welt. Bei aller Liebe kann sie nicht nachempfinden, wie es ist, Mutter zu sein. Aber andere Frauen können das, und so verändert sich der Freundes- und Bekanntenkreis junger Eltern häufig gravierend, auch weil man sich gegenseitig in der Betreuung unterstützt.

In besonderen Lebenssituationen tut es uns gut, wenn wir Menschen um uns haben, die dies nachempfinden können. Für die Trauer als Tabu gilt das ganz besonders. Deshalb empfehle ich allen Trauernden eine Trauergruppe. Ich selbst leite solche Gruppen seit vielen Jahren und stelle immer wieder fest, wie hilfreich sie sind. Sogar Menschen, die sehr tief in ihrer Trauer stecken, kommen durch den

Austausch mit anderen Betroffenen zurück ins Leben. Es tut so gut, verstanden zu werden. Man darf Sachen sagen, die »draußen« niemals nachvollzogen werden könnten. Man kann sich mal so richtig auskotzen und erfährt Zuspruch, und es ist oft sehr lustig, ja, wir haben schon Tränen gelacht. Auch das gehört dazu, und wenn man es nicht erlebt hat, versteht man das vielleicht nicht. In der Trauer liegen die Gefühle brach, alle. In einer Gruppe können wir auch voneinander lernen. Der Mut anderer macht uns selbst Mut. Wir wagen es, Dinge auszusprechen, für die wir uns andernorts vielleicht schämen. Wir erkennen, was uns guttut und was wir lieber meiden sollten, weil andere davon berichten. Wir profitieren von den Bewältigungsstrategien anderer, die uns neue Wege aufzeigen, wie eine Witwe mir einmal erzählte:

»In meiner Gruppe war eine Frau, die ich zuerst nicht mochte. Alles, was sie sagte, fand ich unmöglich. Ich habe ihr unterstellt, dass sie ihren Mann gar nicht geliebt hat, so locker, wie sie mit allem umgegangen ist. Und dass sie immer von Chance gesprochen hat. Für mich war das keine Chance, dass mein Mann gestorben ist, sondern das Allerschlimmste, was mir im Leben passieren konnte. Ich würde das niemals verschmerzen, sagte ich zu ihr. Da hat sie zu mir gesagt, dass ich dann auch nie wieder ein schönes Leben habe. Auch nicht in fünf, in zehn, in zwanzig Jahren. Das hat mich geschockt. Dann habe ich gemerkt, dass sie recht hat und ich mir lieber eine Scheibe von ihr abschneiden sollte, als sie herabzusetzen. Heute sind wir die dicksten Freundinnen. Ich bin ihr unendlich dankbar.«

Von anderen Trauernden lassen sich Trauernde auch Dinge sagen, die sie sonst zurückweisen würden. Wie sollen Menschen, die nicht in Trauer sind, sie verstehen? Wenn eine Trauernde einer anderen Trauernden einen Impuls gibt, ist die Akzeptanz deutlich höher. Häufig entstehen in Trauergruppen Freundschaften, man trifft sich auch außerhalb der Gruppentermine, telefoniert miteinander. Für Kontaktsuchende gibt es noch zahlreiche andere Angebote, wie zum Beispiel die Trosthelden (www.trosthelden.de).

Auf diesem Datingportal sucht man nicht den Partner fürs Leben, sondern einen Partner für die Trauerarbeit. Man meldet sich mit ein paar Stichworten an: weiblich, 60, Sohn mit 25 Tod durch Suizid … und wenn das jemand liest, der in einer ähnlichen Situation ist, kann er oder sie sich melden.

Meine Erfahrung ist es, dass Menschen, die sich mit ihrer Endlichkeit auseinandergesetzt haben, besser durch diese schwere Zeit kommen und andere auch besser unterstützen können, anstatt sich hinter Kalendersprüchen zu verschanzen:

Das wird schon wieder.
Nichts wird wieder, was soll wieder werden?

Die Zeit heilt alle Wunden.
Nein, ganz bestimmt nicht.

Solche Sätze werden oft geradezu gedankenlos dahingesagt. Man will etwas sagen, weiß aber nicht, was, und nimmt dann Zuflucht zu einem Kalenderspruch. Für die Betroffenen kann das einem Schlag ins Gesicht gleichkommen.

»Da ist es mir lieber, man sagt gar nichts«, höre ich oft.

Trauernde Menschen fühlen sich nicht selten, als hätten sie eine ansteckende Krankheit. Man meidet sie. So stellen viele fest, dass man sie nicht mehr einlädt.

»Wir waren vier Ehepaare beim Tennis und haben Doppel gespielt. Jetzt wären wir drei Paare und ich. Sie rufen mich nicht mehr an, auch nicht zum Grillen oder für Theaterbesuche. Einmal habe ich ein Paar getroffen. Der Mann hat gesagt, dass wir ja Doppel gespielt haben und das gehe jetzt eben nicht mehr, weil dann immer einer aussetzen müsse. Daraufhin habe ich gesagt, und ich war auch ziemlich wütend, dass man dann bloß hoffen könne, dass bald der Nächste den Löffel, sprich Schläger abgibt, damit die Paarungen wieder aufgehen. Sie sind dann total empört abgezogen. Später habe ich gehört, ich hätte ihnen den Tod gewünscht. Jetzt habe ich keinen Kontakt mehr und bin froh darüber, denn mit solchen Leuten will ich gar nichts mehr zu tun haben. Aber Fakt ist, dass der Tod auch einsam macht.«

Ja, nicht selten fühlen Hinterbliebene sich dafür bestraft, dass sie in Trauer sind.

»Es war der erste Mai, und ich bin zum See gefahren, wo wir immer gefeiert haben mit den anderen«, erzählte mir eine junge Frau, die ihren Freund durch einen Motorradunfall verloren hatte. »Auf dem Parkplatz standen die Motorräder. Sie waren alle da. Mir haben sie gesagt, sie würden die Erster-Mai-Fete ausfallen lassen. In Wirklichkeit wollten sie ohne mich feiern, weil ich eine Last gewesen wäre. Klar hat es mir einen Stich versetzt, aber später war ich vor allem traurig für Michael, auf was für eine Clique er so stolz war, von wegen einer für alle, alle für einen …«

Manchmal wechseln Bekannte sogar die Straßenseite, wenn sie einen Trauernden sehen, oder müssen ganz schnell ihr Schuhband neu knoten oder sind am Handy in einem wichtigen Gespräch. Eine von Haus aus selbstbewusste Trauernde mag das nicht umhauen. Für einen sensiblen Menschen kann es ein entsetzliches Erlebnis sein, an dem er oder sie lange und schwer kaut, bis zum totalen sozialen Rückzug und in die Depression bis hin zum Suizid.

In meinem Sterbekabarett habe ich eine Nummer, die viele Besucher*innen nachdenklich stimmt, wie ich an den Gesichtern im Publikum sehe, falls mich die Scheinwerfer nicht allzu sehr blenden. Mit meiner Bühnenpartnerin spiele ich die Szene, in der eine Witwe allein im Café sitzt. Ihre gute Bekannte geht vorbei.

Bleib bei mir

Trauernde: Ja wer kommt denn da? Meine Freundin Moni.

Moni: Ja da schau her, sitzt die doch schon wieder im Café. Erst letzten Monat haben wir ihren Mann begraben. Sollte die jetzt nicht trauern?

Trauernde: Was ist da los? Warum geht die jetzt an mir vorbei? Die grüßt mich nicht einmal. Oder hat sie mich nicht gesehen? Nein, sie hat mich gesehen, ich merke es ganz genau, dass sie mich gesehen hat.

Moni: Ich weiß nicht, was ich sagen soll. Was sagt man da? Mein Beileid? Mein herzliches Beileid? Und wenn sie dann weint? Was mach ich dann? So gut kenne ich sie doch gar nicht. Oder wenn ich mitheulen muss. Wie tät denn das ausschauen, zwei heulende Weiber im Café. Da kann man sich ja sonst was denken. Nein, nein, ich tu so, als hätte ich sie nicht gesehen, das ist das Beste.

Refrain:
Wenn du nicht weißt, was du sagen sollst, dann sag doch einfach: »Ich weiß nicht, was ich sagen soll.«
Es braucht 'nen Mensch, der bei mir bleibt, bei mir und meiner Traurigkeit.

Trauernde: Ich glaub, das war keine gute Idee, mich ins Café zu setzen. Aber ich habe doch mal rausgemusst. Ich hab's nicht mehr ausgehalten in der Wohnung, wo wir so viele Jahrzehnte gelebt haben.
Moni: Und wenn die mir jetzt zuwinkt? Was mach ich dann?
Trauernde: Nein, es war keine gute Idee. Die anderen leben alle weiter, als wär nichts geschehen. Bei mir ist die Welt zusammengebrochen. Die Moni, die geht einfach vorbei. Warum schaut die mich nicht mal an? Warum kann die nicht einfach herkommen und sich zu mir setzen?
Moni: So ein Mist, sie hat mich ganz bestimmt gesehen. Ich muss jetzt hingehen. Da muss ich jetzt durch. Aber ich sag, dass ich einen Termin hab. Nur schnell Hallo sag ich und dann nix wie weg.
Trauernde: So schön wäre es, wenn sie sich zu mir setzen würde und ich ein bisschen erzählen könnte. Ich hab doch sonst niemanden mehr daheim zum Reden, die Kinder sind schon wieder abgereist. Es tät mir so gut, wenn ich ein bisschen reden könnt.
Moni: Und wenn die mir dann zusammenbricht? Ich weiß nicht, was ich dann machen soll. Vielleicht sag ich einfach: »Des werd schon wieder.« Aber dann fängt sie zu reden an. Nein, ich wink ihr mal schnell und deute ihr an, dass ich sie anrufe, und dann schreibe ich ihr auf WhatsApp, das ist am besten, so mach ich es. Ich schreib

ihr: Ich bin für dich da, ruf mich an, wenn du mich brauchst.

Falls wir in unserer Vergangenheit einmal wenig zartfühlend mit Trauernden umgegangen sind, werden wir im Laufe unseres Lebens noch einige Gelegenheiten haben, es beim nächsten und übernächsten Mal besser zu machen. Mit dem Alter ergeben sich unabänderlich immer mehr »Übungsmöglichkeiten«, denn Abschiede häufen sich.

Wie auch immer sich unser Leben entwickelt, welchen Prüfungen wir eines Tages gegenüberstehen – wir handeln stets nach dem gegenwärtigen Stand unseres Bewusstseins. Je nachdem, wie wir wachsen und uns geistig entfalten, verändert sich auch unser Bewusstsein. Wenn wir zurückblicken auf unsere Vergangenheit, empfinden wir vielleicht manchmal Bedauern, oder wir schämen uns über begangene Taten, denn wir sind überzeugt davon, dass wir es heute anders machen würden. Ja, heute würden wir es anders machen, weil wir etwas gelernt, uns weiterentwickelt haben. Zum damaligen Zeitpunkt konnten wir nur so handeln, wie es unserem damaligen Bewusstseinsstand entsprach. So werden wir auf der Lebensschule Erde immer reifer und lernen immer mehr, damit unsere Seele wachsen kann. Eines Tages wachsen ihr Flügel, und sie fliegt in den Himmel oder wohin auch immer … und kehrt zurück. Alles hat seine Zeit. Das Leben, das Sterben, die Trauer. Und wieder von vorne …

Die vier Phasen des Trauerns

Wie im Sterbeprozess erkennen wir auch in der Trauer verschiedene Phasen. Wie lange das Trauergeschehen währt, ist unterschiedlich, auch die Dauer der einzelnen Phasen kann variieren. Die Art und Dauer des Trauerprozesses werden von der Persönlichkeit des Trauernden, von den Umständen des Todes und der Beziehung zum Verstorbenen bestimmt.

Die Schweizer Psychologin Professorin Verena Kast hat vier Trauerphasen benannt:

Erste Trauerphase: Nicht-wahrhaben-Wollen

Das kann nicht wahr sein! Es muss ein Traum sein. Wann wache ich auf?

Das Geschehene ist zu groß, zu mächtig, um erfasst zu werden.

Wir sind wie erstarrt, verstört und völlig apathisch oder außer Kontrolle, brechen zusammen.

Zweite Trauerphase: Aufbrechende Emotionen

Je nach Persönlichkeit brechen verschiedene Gefühle auf. Von Leid, Schmerz, Zorn, Wut, Angst bis hin zu Hoffnung, Zuversicht, Freude, auch Dankbarkeit, wenn der Tod als gnädig erlebt wurde. Es geht auf und ab: »Womit habe ich das verdient?« – »Ich kann nicht mehr.« – »Ich werde diese Krise meistern!« – »Ich will nicht mehr leben.« – »Wie konntest du mich nur im Stich lassen?«

In sehr schneller Folge können die Trauernden von extremen Gefühlen gebeutelt werden, auch aggressiver Natur. Die Wut kann sich gegen die Verstorbenen, aber auch gegen sich selbst richten. »Hätte ich dieses Unglück verhindern können?« Schuldgefühle können die Trauernden quälen. All diese »wilden« Gefühle, die man so vielleicht noch nie an sich selbst erlebt hat, helfen bei der Verarbeitung des tiefen Schmerzes, deshalb sollte man sie nicht unterdrücken.

Dritte Trauerphase: Suchen und Sich-Trennen

Wo bist du? Der geliebte Mensch fehlt, und wir beginnen ihn zu suchen. Reisen an Orte, die wir gemeinsam besucht haben, hören »unsere« Musik, kramen in Fotos, lesen alte Briefe. Manchmal übernehmen wir Gewohnheiten des Verstorbenen, die wir zu seinen Lebzeiten vielleicht gar nicht mochten. Auf der Straße laufen wir Fremden nach, die uns an den Verstorbenen erinnern. Der Mann da vorne schwenkt den Arm beim Gehen so wie du …

Im inneren Monolog sprechen wir mit den Verstorbenen, setzen uns mit ihnen auseinander, begegnen ihnen intensiv, was sehr schön, aber eben auch sehr schmerzlich ist. Schritt für Schritt erobern wir uns unsere neue Realität, bis wir eines Tages die Entscheidung treffen, Ja zum Weiterleben ohne den geliebten Menschen zu sagen, Ja zu unserem eigenen Leben. Doch allein mit diesem Entschluss sind wir noch nicht angekommen. Die Achterbahnfahrt dauert an. Mit allen Gefühlen, wie zuvor beschrieben, kann es noch eine längere Zeit auf und ab gehen. Doch wir haben auch schon einmal Licht am Horizont gesehen.

Vierte Trauerphase: Neuer Selbst- und Weltbezug

Allmählich kehrt Frieden ein. Wir erkennen, dass wir selbst dafür verantwortlich sind, wie unser Leben weitergeht. Der oder die Verstorbene hat einen Platz in uns gefunden, und wir können neue Pläne schmieden. Wir werden nie mehr dieselben sein wie zuvor, ein Trauerprozess hinterlässt Spuren und verändert uns. Womöglich hat sich unsere Einstellung zum Leben gewandelt, nicht selten sind wir durch die dunkle Zeit gereift. Der oder die Verstorbene bleibt ein wenn auch immer kleiner werdender Teil unseres Lebens, je nachdem, wie viele Jahre wir noch vor uns haben. In unseren Erinnerungen bleibt er oder sie lebendig, bis wir unseren letzten Atemzug tun.

Wir können unserer Trauer einen Ort zuweisen, an den wir selbstbestimmt gehen können und den wir selbstbestimmt verlassen. Während dieser Ort früher für die meisten Menschen der Friedhof war, haben heute weniger Menschen einen Bezug zu ihren Verstorbenen, wenn sie vor dem Grabstein stehen. Man kann sich auch in der Natur oder in der Wohnung einen Trauerplatz einrichten. Eine Kerze mit einem Bild, ein Ehering, ein paar Utensilien, die an den oder die Verstorbene erinnern. Ein Mann erzählte mir: »Am Wochenende mache ich gern einen langen Spaziergang mit dem Hund. Wir bringen dann immer etwas mit für meine Frau. Eine Blume, einen schönen Stein, eine Vogelfeder. Das stelle ich auf den Erinnerungsaltar, und am nächsten Wochenende tausche ich es durch etwas anderes aus.«

Wir können manche Dinge auch im Sinne unserer Verstorbenen weiterführen. Nicht nur, wenn wir eine Firma oder Stiftung erben. Ein Unternehmer erzählte mir: »Seit meine Frau gestorben ist, habe ich mich sehr verändert. Früher habe ich immer gesagt, sie wäre viel zu weich. Wir haben die Firma gemeinsam aufgebaut. Heute, wenn es Probleme mit Mitarbeitern gibt, denke ich: Was hätte sie gesagt, was hätte sie getan? Und dann mache ich das so. Und wenn ich mir abends dann ein Glas Rotwein einschenke, proste ich ihr zu und sage ihr, dass sie recht hat. Leider musste sie mich verlassen, damit ich das erkennen konnte. Aber ganz ist sie ja nicht weg. Sie passt gut auf von oben.«

Trauer ist keine Krankheit

Eine Professorin erzählte mir einmal: »Alle meine tollen intellektuellen Freunde konnten mir nicht helfen. Sie dozierten, was Philosophen über den Tod gesagt haben, und dann zogen sie sich zurück. In der Wohnung über mir wohnte eine junge, alleinerziehende Mutter. Ehrlich gesagt hatte ich sie immer eher geringschätzig betrachtet, sie arbeitete als Verkäuferin in einem Drogeriegeschäft. Als sie erfuhr, was geschehen war, dass mein Mann tödlich verunglückt war, stellte sie mir über Wochen immer wieder etwas zu essen vor die Tür. Ein Tablett mit einem Stück Kuchen und ein paar Gänseblümchen, manchmal sogar Frühstück oder eine warme Suppe. Sie klingelte und zog sich sofort zurück, sodass nur die Gabe vor der Tür stand. Ich habe mich so sehr geschämt über meine Vorurteile und herablassenden Gedanken über sie! Von allen Menschen in meinem Umfeld hat mir diese Frau am allermeisten geholfen. Von ihr habe ich gelernt, wie man Trauernde wirklich unterstützt. Sie hat nicht geredet, sie hat gehandelt. Wenn wir uns getroffen haben, hat sie mich nett angelächelt. Manchmal hat sie mir über den Arm gestreichelt. Sie hat einfach mitgefühlt, aber was heißt hier ›einfach‹. Sie hatte den Mut dazu und die Größe.«

Eine andere Frau erzählte mir: »Kurz nach der Bestattung meines Mannes hatte ich einen totalen Zusammenbruch. Ein Bekannter war zufällig da, er holte das Motorrad meines Mannes ab. Ich bin vollständig zusammengebrochen, habe geschrien und getobt, so kannte ich mich gar nicht. Er blieb einfach bei mir. Saß auf dem Sofa, während ich mich auf dem Teppich wälzte wie eine Irrsinnige. Er hat nichts gesagt, er hat nicht versucht, mich zu trösten, er ist einfach dageblieben und hat das ausgehalten. Ich habe erst später begriffen, wie stark und großartig das von ihm war. Als ich mich einigermaßen beruhigt hatte, kam er zu mir und hielt mich sehr lange sehr fest. Das werde ich niemals vergessen.«

»Es ist, als wäre mir ein Arm abgerissen«, sagte ein Witwer zu mir. Doch nach kurzem Nachdenken war ihm das zu wenig. »Und ein Bein«, fügte er hinzu. So empfinden es viele Menschen. In der Akutsituation kann man sich nicht vorstellen, dass dieser extreme Zustand jemals besser wird. Doch Arm und Bein des Trauernden können nachwachsen. Auch wenn sie vielleicht nicht mehr ganz so kräftig werden, sie können nachwachsen! Und das müssen sie ja auch, sonst wären wir als Menschen gar nicht lebensfähig.

Aber man braucht Zeit. Der Trauerprozess ist nicht in einem Monat abgehakt. Viele Trauernde haben mir erzählt, dass das erste Jahr ein großer Meilenstein für sie war – einmal alle Jahreszeiten erleben ohne den geliebten Menschen. Einmal Frühling, Ostern, Weihnachten, dein Geburtstag, mein Geburtstag ohne dich … Wenn sich der Todestag jährt, gibt es manchmal ein tiefes Durchschnaufen. Diesen Teil des Weges, den ersten, schwierigsten, hat man jetzt geschafft. Ja, das ist richtig, doch die Trauer kann einen immer wieder einholen, wenn auch nicht mehr so allumfassend und wild. Nach dem ersten Trauerjahr meint man, man hätte es »geschafft«.

Man kann schon »sehr weit« gekommen sein, und dann holt einen die Trauer doch immer wieder ein, wie ein Phantomschmerz. Bei mir ist es die Schnapspraline mit der Kirsche. Ich weiß nicht, warum, aber wann immer ich Werbung dafür sehe, schießt mir der Verlust meiner lieben Mutter ins Herz. So hat jeder seine Trigger, ich habe schon von vielen gehört. Rote VW Käfer, bestimmte Lieder, der Geruch von gemähtem Gras … unvergessen: du. Ganz zu Beginn sind diese Trigger wie riesengroße Wellen, sie brechen über uns zusammen, schleudern uns herum, und wir müssen kämpfen, damit wir nicht absaufen und untergehen. Mit der Zeit lernen wir, geschmeidig zu bleiben. Mit der Bewegung der Welle zu gehen, vertrauensvoll. Wir haben schon so viele schwere Brecher überlebt. Wir werden auch diesen schaffen und schließlich wieder festen Boden unter unseren Füßen haben.

Trau dich!

So, wie wir einen guten Platz für unsere Trauer finden können, so können wir auch einen für die Tatsache unseres eigenen Todes finden. Wir nähern uns ihm an, wann immer wir an Vorausgegangene denken. Wer weiß, vielleicht heißen sie uns wirklich eines Tages willkommen. Ich würde das nicht ausschließen. Zu oft habe ich es gehört von Menschen, die an der Pforte standen. Was für ein Wiedersehen!

»Das ist doch naiv«, hielt mir neulich jemand entgegen. »Wie soll das gehen? Auf der einen Seite Wiedergeburt und dann an der Pforte stehen, also entschuldigen Sie, aber dass es im Himmel gespaltene Persönlichkeiten geben soll, wäre mir neu.«

Schmunzelnd erwiderte ich, dass ich davon ausgehe, dass es im Himmel keine gespaltenen Persönlichkeiten gibt, weil da überhaupt keine Persönlichkeiten sind. Die verbleiben auf der Erde, zugehörig zur Hülle. In der Anderswelt existieren wir als Seele oder Energie oder als etwas ganz anderes, deshalb heißt es ja Anderswelt. Nein, im Ernst: Ich glaube, dass wir die Daseinsformen jenseits unseres Verstandes maßlos unterschätzen. Ja, dass wir nicht einmal Worte oder ein Vorstellungsvermögen darüber haben, was möglich ist. Insofern bleibt es spannend! Ganz am Ende erwartet jeden von uns ein Knaller! Ich bin sehr, sehr neugierig!!!

Dank

Ich bedanke mich bei all den Menschen, die mir ihr Vertrauen schenkten und mit denen ich arbeiten und weiterlernen durfte.

Ich danke Claudia Cardinal, die ihr unendliches Wissen mit mir teilte und meinen Sterbeammenkoffer mit Werkzeugen füllte.

Ich danke meiner besten Freundin Erika Eichenseer, die an mich glaubt und mir immer wieder Mut macht, zu mir zu stehen.

Ich bedanke mich bei meinem Mann Thomas für die unendliche Geduld und für die köstliche Verpflegung, während ich in die Unendlichkeit eintauchte.

Und bei diesem ganzen großen wilden wunderbaren und lehrreichen Leben, das mich zu der Frau gemacht hat, die ich heute sein darf … und die jetzt sogar ein Buch geschrieben hat!

Danke an Anke Gasch von der Federwelt, die nicht lockerließ, bis die Idee für dieses Buch Gestalt annahm. Sie vermittelte mich an meine Co-Autorin Shirley Michaela Seul, die meine Gedanken in Wortdiamanten umgewandelt hat. Danke dafür, liebe Shirley.

Zum Weiterlesen

Ariès, Philippe: *Geschichte des Todes*, München 1993.

Bausewein, Prof. Dr. Claudia und Rainer Simader: *99 Fragen an den Tod. Leitfaden für ein gutes Lebensende*, München 2020.

Bruggen, Marie-Claire van der: *Das Märchen vom Tod*, Niederlande 2020.

Cardinal, Claudia: *Weil wir sterblich sind. Eine Anleitung für den Umgang mit der Endlichkeit*, München 2009.

Cardinal, Claudia: *Sterbe- und Trauerbegleitung. Ein Handbuch*, Mannheim 2010.

Eben, Alexander: *Blick in die Ewigkeit. Die faszinierende Nahtoderfahrung eines Neurochirurgen*, München 2016.

Ende-Pichler, Gabriele von: *Wenn plötzlich alles ganz anders ist. Veränderungen mit Ritualen meistern*, München 2007.

Jakoby, Bernard: *Keine Seele geht verloren. Hilfe und Hoffnung bei plötzlichen Todesfällen und Suizid*, Hamburg 2006.

Jakoby, Bernard: *Ich lass dich nicht allein im Sterben. Würdevoll Abschied nehmen*, München 2018.

Kast, Verena: *Der schöpferische Sprung. Vom therapeutischen Umgang mit Krisen*, Mannheim 2021.

Kast, Verena: *Trauern. Phasen und Chancen des psychischen Prozesses*, Freiburg 2020.

Kübler-Ross, Elisabeth: *Das Rad des Lebens. Autobiographie*, München 2000.

Kübler-Ross, Elisabeth: *Interviews mit Sterbenden*, Freiburg 2014.

Kübler-Ross, Elisabeth: *Jedes Ende ist ein strahlender Be-*

ginn. Für alle Menschen, die Trost und Zuspruch suchen, Güllesheim 2021.

Kübler-Ross, Elisabeth: *Über den Tod und das Leben danach,* Güllesheim 2019.

Kübler-Ross, Elisabeth: *Was der Tod uns lehren kann,* München 2010.

Livingstone, David: *Reisen und Entdeckungen im südlichen Afrika,* Weimar 2019.

Müller-Cyran, Andreas und Peter Zehentner: *Wenn der Tod plötzlich kommt. Vom Umgang mit Schicksalsschlägen – das Kriseninterventionsteam im Einsatz,* München 2013.

Natour, Ehsan: *Wenn das Leben stillsteht. Der Arzt, der das Herz seiner Patienten berührt,* München 2022.

Nicolaidis, Martina und Peter Zehentner: *Zurück ins Leben. Hilfe für Trauernde,* Hamburg 2004.

Peipe, Kurt und Michaela Seul: *Dem Leben auf den Fersen. Zu Fuß von Flensburg nach Rom – die Geschichte meiner Reise zu mir selbst,* München 2008.

Riepertinger, Alfred: *Mein Leben mit den Toten. Ein Leichenpräparator erzählt,* München 2012.

Rinpoche, Sogyal: *Das tibetische Buch vom Leben und vom Sterben. Ein Schlüssel zum tieferen Verständnis von Leben und Tod,* München 2020.

Schroeter-Rupieper, Mechthild: *Für immer anders. Das Hausbuch für Familien in Zeiten der Trauer und des Abschieds,* München 2022.

Schwarz, Stephan: *Es ist noch kein Meister in den Himmel gefallen. Gebrauchsanleitung für das letzte Lebensdrittel,* München 2021.

Seul, Michaela: *Leben ohne Leander,* Münster 1999.

Seul, Michaela: *Hospizarbeit und Palliativbetreuung. Für einen Abschied in Würde,* München 2009.

Seul, Michaela: *Luna, Seelengefährtin. Mein Hund, das Leben und der Sinn des Seins,* München 2013.

Seul, Michaela: *Das Leben ist keine To-do-Liste. Endlich Zeit für das, was wirklich wichtig ist – mit der To-be-Liste,* München 2015.

Tolstoi, Leo: *Der Tod des Iwan Iljitsch,* Köln 2008.

Villoldo, Alberto: *Seelenrückholung. Die Vergangenheit schamanistisch erkunden – die Zukunft heilen,* München 2006.

Hilfreiche Adressen

Hilfe für junge Trauernde:
https://www.nicolaidis-youngwings.de

Der Wünschewagen des Arbeiter-Samariter-Bundes ASB:
https://wuenschewagen.de

Familientrauerbegleitung:
https://www.lavia.de

Datingportal für Trauernde:
https://www.trosthelden.de

Fotografen für Sternenkinder:
https://www.dein-sternenkind.eu

Heilpraxis für Psychotherapie (HPG)
Karin Simon
Atempause
www.atempause-karinsimon.de

Karin Simon ist Psychotherapeutin nach dem Heilpraktikergesetz, zertifizierte Sterbeamme und Traueramme, freie Trauerrednerin, Krankenschwester sowie Musikkabarettistin und Lebensamme. Diese bunte Mischung spiegelt sich auch in ihrer Arbeit als Lebens- und Sterbebegleiterin wider.

Ob als Lebensamme in ihrer Praxis, auf der Bühne, als Dozentin, als Sterbeamme am Sterbebett oder als Traueramme am Friedhof bei einer Trauerfeier und als Leiterin einer Trauergruppe, der Humor begleitet sie in allen Lebenslagen. Alles, dem man ins Gesicht lacht und was man annimmt, verliert seinen Schrecken, so Karin Simons Devise.

Ihr größtes Anliegen ist es, den Gevatter Tod aus der traurigen, schwarzen Tabuzone herauszuholen und ihn mitten ins Leben zu stellen. Sich bereits im prallen Leben mit der Endlichkeit zu beschäftigen kann das eigene Leben auf den Kopf stellen, denn wenn etwas auf dem Kopf steht, fällt alles aus den Taschen, was der Mensch nicht wirklich braucht. Das Leben wird leichter.

Karin Simons wunderbare Lieder über den Tod und das Sterben können Sie hier herunterladen:

Bernard Jakoby · Marie-Luise Nieberle

Ich lass dich nicht allein im Sterben

Würdevoll Abschied nehmen

Ein Buch, das Mut macht und die Angst vor dem Tod nimmt

Der bekannte Sterbeforscher Bernard Jakoby und die Hospizleiterin Marie-Luise Nieberle geben praktische Hinweise, wie Angehörige einfühlsam einen Sterbenden begleiten können. Denn viele Menschen fühlen sich überfordert und hilflos, wenn sie mit dem Sterben eines nahen Angehörigen konfrontiert sind. Bernard Jakoby erklärt alles Wichtige, was man heute über den Sterbeprozess weiß. Viele Beispiele aus der täglichen Praxis der Hospizarbeit verdeutlichen, wie ein würdevoller Abschied gestaltet werden kann. Sehr oft zeigt sich: Wer einen Sterbenden begleitet, gewinnt eine ganz neue Sicht auf das eigene Leben.

»Der Band ›Ich lass dich nicht allein im Sterben – Würdevoll Abschied nehmen‹ soll Mut machen, Sterbende auf ihrem Weg zu begleiten.« – *Augsburger Allgemeine*

KNAUR
MENSSANA

Sogyal Rinpoche

Das tibetische Buch vom Leben und vom Sterben

Ein Schlüssel zum tieferen
Verständnis von Leben und Tod

Der Weltbestseller zur »Kunst des guten Sterbens«

Das tibetische Buch vom Leben und vom Sterben führt an eine Lebenspraxis heran, durch die der Tod seinen Schrecken verliert und der Alltag an Freude gewinnt. Seine zeitgemäße Auslegung der buddhistischen Lehren des Tibetischen Totenbuchs hat weltweit einen maßgeblichen Rang erlangt. Sie ist zu einer unentbehrlichen Hilfe in der Krankenbetreuung und Sterbebegleitung geworden.

Doch jeder Mensch kann durch dieses Buch nicht nur die »Kunst zu sterben«, sondern auch die »Kunst zu leben« lernen. Beide sind nach tibetischer Auffassung nur zwei Seiten derselben Medaille.

KNAUR